제2판

체계적 설문 디자인

손영석 · 채서일

Systematic Questionnaire Design

비앤엠북스

머리말

한국의 조사산업은 2007년 3000억 원에 이를 정도로 그동안 괄목할 만한 성장을 이루어왔다. 조사는 이제 선거부터 기업의 마케팅 전략에 이르기까지 필수적인 과정으로 등장하였으며, 이제는 정확하고 통찰력 있는 조사결과만이 전략의 바탕으로 인정받는 시대가 되었다.

이러한 급속한 성장하에서 조사분야는 정보기술의 발전에 힘입어 다양한 변신을 가져왔지만 본질적인 설문지 구성과 관련된 발전은 더디게 이루어져 온 것이 사실이다.

즉 분석관련 연구에서 유의수준을 1% 낮추려는 노력은 많이 이루어져 왔지만 정작 연구에서 100% 오류를 불러일으킬 수 있는 설문지 구성과 관련된 내용들에 대해서는 별로 고찰할 기회가 많지는 않았던 것이다.

이러한 학문적인 그리고 실무적인 빈틈을 메워보고자 설문지를 작성하고 조사하는 과정에서 발생할 수 있는 오류들에 대해서 조금씩 정리하다가 차제에 본서의 출간에까지 이르게 되었다.

올해 들어서 이전의 내용들을 보완하는 사례들을 더 보강하여 새롭게 본서를 다듬는 계기를 가지게 되어서 내심 기쁘게 생각하고 있다. 하지만 늘 정리할 때마다 미진한 부분들이 생기곤 하는데, 그러한 내용들은 저자의 책임이라고 생각하고 많은 분들의 좋은 충고를 즐겁게 받아들일 준비가 되어 있다.

마지막으로 본서를 출판하는데 힘써 준 오랜 지인이자 비앤엠북스의 정광식 사장님에게도 감사의 뜻을 전하며 무한한 발전을 기원하는 바이다.

2008년 1월 손영석, 채서일

차례

1 설문지 구성과정

설문지의 작성에는 과학(science)적인 요소보다는 기술(art)적인 요소가 더 많이 들어 있다고 할 수 있다. 따라서 어떤 설문지가 가장 이상적인가 하는 객관적인 기준을 설정하기에는 설문지를 작성하는 상황이 모두 다르기 때문에 동일한 기준으로 판단하기 힘들다. 단지 매번 작성 시점마다 오류에 빠지지 않도록 지침을 제시할 수 있는 정도이며, 여러 번의 시행 착오에 의해서 오류를 줄여나갈 수 있을 뿐이다.

체계적인 설문지 작성 과정은 오류를 줄이기 위한 필수적인 과정으로 볼 수 있으며 이러한 과정을 설문지 디자인 과정(questionnaire design process)이라고 한다. 설문지 디자인은 전체적으로 연구의 초점과 내용의 확정, 질문 형식의 확정, 원활한 질문 흐름 구성에 그 목적이 있다. 따라서 설문지 디자인은 이러한 목적을 위해 다음과 같은 설문지 구성의 9단계에 맞추어서 설문지를 작성하게 된다.

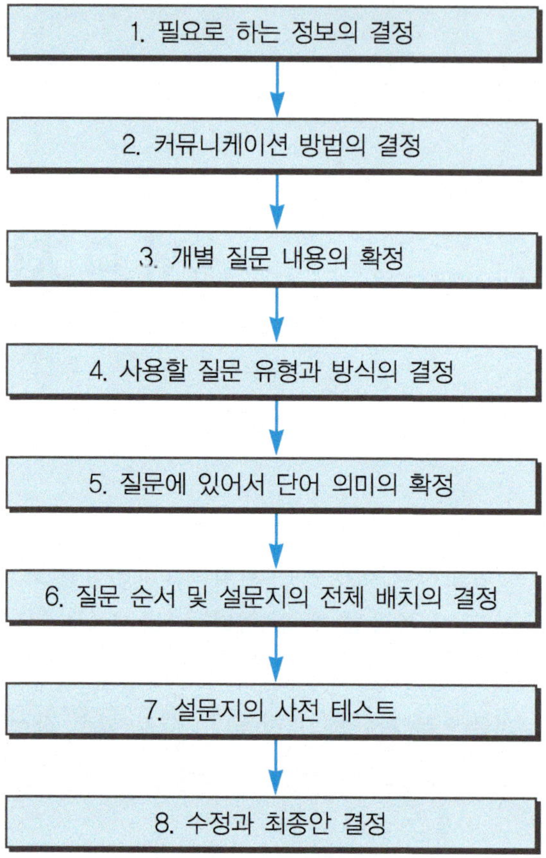

〈설문지 구성과정〉

필요로 하는 정보의 결정

설문지 내용을 작성하는 데 있어서 가장 먼저 결정하여야 할 것은 연구자가 입수하려는 정보의 내용이다. 대부분의 조사자들이 설문지를 통해서 얻으려고 하는 정보는 크게 태도, 신념, 행동, 응답자들의 속성 등 4가지의 정보 유형으로 나눌 수 있다.

첫 번째 정보 유형으로 태도(attitude)가 있다. 태도는 소비자들이 특정 대상에 관한 지식을 기준으로 평가한 결과로부터 비롯되는 느낌(feeling)이나 의견(opinion)을 바탕으로, 일관적으로 반응하려는 학습된 선유경향(learned predisposition)을 의미한다(Wells & Prensky, 1996). 다시 말하면 응답자들은 어떠한 사물이나 대상에 대해서 부지불식간에 평가를 하게 되고 그것에 대해서 견해를 가지게 된다는 것이다. 따라서 태도를 측정하는 질문은 연구자가 태도를 측정하려는 대상에 대해서 응답자가 어떠한 견해를 가지고 있는지를 조사하게 된다.

태도 측정 질문에서는 일반적으로 어떤 사물이나 대상에 대해서 응답자의 "찬성과 반대", "선호와 비선호", "그렇게 해야 된다와 그렇게 하면 안 된다", "좋다와 나쁘다", "옳다와 그르다", "바람직하다와 바람직하지 않다" 등을 측정한다.

태도에 관한 질문은 다음의 예에서 나와 있는 것과 같이 다양한 방향에서 질문할 수 있다. 표에 나와 있는 예는 낙태에 관한 것으로 A와 C의 질문은 그 내용이 얼마나 바람직한가를 측정하는 질문이며, B질문은 응답의 수준을 측정하고 있다.

A. 모든 낙태는 금지되어야 합니까? (　　　　)

① 예　　　　② 아니오

B. 일반적으로 낙태를 금지하는 법제화에 대해서 어떻게 느끼십니까? (　　　　)

① 매우 반대한다.
② 반대한다.
③ 반대도 찬성도 하지 않는다.
④ 찬성한다.
⑤ 매우 찬성한다.

C. 당신은 다음의 문장에 대해서 동의하십니까, 반대하십니까? (　　　　)

"누구라도 낙태하기를 원하는 사람은 그것을 할 수 있도록 해야 한다."

① 동의한다.　　　　② 반대한다.

두 번째 정보 유형으로 신념(belief)이 있다. 신념(belief)은 소비자가 특정 사람이나 대상 또는 이슈(대상과 속성 간의 관계)에 대해서 가지고 있는 인지적 지식을 의미한다(Wells & Prensky, 1996). 따라서 응답자의 대답 자체에 대해서 틀렸다거나 하는 평가는 있을 수 없으며, 단지 과연 어떤 평가 대상에 대해 응답자의 의견이 존재하는가 혹은 존재하지 않는가 하는 것이 중요하다.

신념의 평가와 관련된 질문의 대표적인 단어는 "옳다와 그르다", "정확하다와 부정확하다", "어떤 사건이 발생하였는가와 어떤 사건이 발생하지 않았는가" 등이다.

이러한 신념에 관련된 질문도 다음의 예에서와 같이 여러 가지로 표현할 수 있다.

A. 다음의 문장은 옳습니까, 그렇지 않습니까? (　　　　　　)
"작년 한 해 동안 전국 병원에서 보고된 낙태 수술 건수는 병원에서 태어난 아기의 수보다 더 많습니다."
① 옳다.　　　② 틀리다.

B. 한 번 낙태를 하게 되면 그 영향에 의해서 다음에 아기를 가지지 못하게 됩니까? 당신의 의견은 어떻습니까? (　　　　　　)
① 항상 그렇다.
② 보통 그런 편이다.
③ 가끔씩 그렇다.
④ 좀처럼 그렇지 않은 편이다.
⑤ 거의 그렇지 않다.
⑥ 전적으로 그렇지 않다.

C. 당신은 낙태를 허용하는 법안이 통과되면 인구가 줄어들 것이라고 생각하십니까? (　　　　　　)
① 아니오
② 예

위의 예에서 보면 신념의 측정에서 모든 경우에 과거, 현재, 미래의 실체에 대해서 응답자들의 인식 내용을 파악할 수 있도록 디자인되어 있는 것을 알 수 있다.

그러나 신념과 태도를 뚜렷이 구분하는 것은 쉽지 않은 일이다. 예를 들면 "당신은 왜 낙태 수술을 받지 않으셨습니까?" 라는 질문이 있다고 하자. 엄격히 표현하면, 그 질문은 응답자들이 왜 그러한 행동을 선택하였는가 하는 신념을 표현하도록 요구하는 것이다. 따라서 응답자들은 예를 들어 "나는 그 수술을 할 비용이 없었어요"라는 대답을 할 수 있다. 그러나 다른 한편으로 응답자들은 그들의 태도도 대답할 수 있는데, 예를 들면 "나는 낙태 수술을 받는 것이 비도덕적이라고 생각했고, 누구도 그런 것을 해서는 안 된다고 느낀다"라고 대답할 수도 있다.

한편 신념과 태도를 결합시켜서 질문을 구성할 수도 있다.

지역 사회에서 불법적인 낙태 수술을 받는 것이 어느 정도로 문제를 일으킨다고 생각하십니까? (　　　　　　)

① 전혀 문제를 일으키지 않는다.
② 약간 문제를 일으킨다.
③ 좀 문제를 일으킨다.
④ 심각한 문제를 일으킨다.

어떤 응답자들은 낙태가 매우 많이 이루어지고 있으며, 낙태 수술이 임산부에게 의학적으로 위험하기 때문에 낙태 수술의 문제가 "매우 심각하다"고 대답할 수 있다.

그러나 어떤 응답자들은 이러한 지식을 가지고 있지 않은 상태에서, 누구라도 그런 불법적인 낙태를 한다는 것 자체를 앞의 응답자와 같이 "매우 심각하다"고 느끼며, 그와 같이 대답할 수도 있다.

이러한 두 가지 예에서 전자는 만연해 있는 낙태에 대한 신념이며, 후자는 낙태 수술을 허용해야 하는가에 대한 응답자의 태도를 나타내는 것이다.

태도와 신념을 동시에 나타낼 가능성이 있는 질문에 대해서는 연구의 주안점을 먼저 결정하여야 한다. 즉 신념과 태도를 구분하는 것이 유용한지 아닌지를 먼저 결정하여야 하는 것이다. 이러한 결정이 없이 연구가 진행된다면 위의 예와 같이 응답자들은 서로 상이하게 생각하고 있으면서도 동일한 대답을 하는 결과를 나타낼 수 있다. 따라서 상이한 응답자를 같은 부류로 분류하는 오류를 범하게 된다.

세 번째 정보 유형은 여러 조사 영역에서 가장 흔히 조사되는 정보로, 응답자들의 행동(behavior)에 관한 정보이다. 어떤 면에서 행동에 대한 정보는 응답자의 신념이 행동으로 나타난 것으로 볼 수 있고, 따라서 응답자들의 행동에 관한 정보는 정보의 유형에 속하지 않는다고 주장할 수도 있다. 그러나 엄격한 의미에서 본다면, 인지적 지식과 실제로 표현되는 행동에는 많은 차이가 있다. 그러므로 인지적이 아닌 물리적인 관점에서의 정보도 하나의 범주에 해당될 수 있다.

행동은 과거 행동, 현재 행동, 미래 행동으로 구분되어 연구된다.

A. 당신은 낙태를 한 적이 있습니까? ( )
① 예 ② 아니오

B. 당신은 지금 피임약을 사용하고 있습니까? ( )
① 예 ② 아니오

C. 당신은 앞으로 다시 임신을 할 것입니까? ( )
① 아니다. ② 아마 그렇지 않을 것이다.
③ 아마 그럴 것이다. ④ 그럴 것이다.

네 번째의 정보 유형은 응답자들의 개인적 · 인구 통계학적 속성(attribute)으로 응답자들의 프로파일에 관한 것이다. 대개 사람들은 미래보다는 자신의 현재 상태에 더 많은 영향을 받는다. 따라서 모든 조사들이 응답자의 현재 상황에 대한 정보를 알아내기 위한 질문을 포함하고 있다. 나이, 교육 정도, 직업, 수입, 성별, 결혼 여부, 가족 구성, 종교 등이 대표적인 속성들이다.

이러한 정보를 조사하게 되는 이유는, 이런 다양한 속성들과 앞에서 설명한 신념, 태도, 행동 등의 다른 정보가 어떠한 관련성이 있는가를 연구하기 위한 것이다.

이러한 질문의 유형은 아래의 예에 있는 것과 같다.

A. 당신은 결혼을 하였습니까? ( )살
① 예
② 아니오

B. 현재 나이는 만으로 몇 살입니까? ( )살

C. 자녀는 몇 명입니까? ( )명

왜 정보의 종류를 구분하는 것이 중요한가?

그 이유는, 어떤 현상에 대한 조사에 있어서 연구자들이 얻어내고자 했던 정보와 조사 후 결과로 나타난 정보가 상이한 경우가 종종 발생되기 때문이다.

"낙태에 대한 사람들의 의견"을 조사하기 위한 질문은 응답자들로부터 신념, 태도, 실제적인 행동 중에 특정한 정보 유형을 얻고자 하는 의도가 있을 것이다. 따라서 이러한 질문을 하기 이전에 이 질문은 과연 어떤 것에 관한 질문인가를 먼저 구분한 뒤에 조사 주제에 대한 상세한 질문을 하여야 한다. 이러한 과정을 거쳐서 질문이 완성되지 않으면, 약간의 단어 변경으로도 엉뚱한 질문이 되어 입수하려는 정보와 전혀 다른 방향의 정보가 얻어지게 될 수 있다.

획득하려는 정보의 분류가 사전에 완전하게 결정되어야 하는 또 다른 이유는, 정보 유형에 따라서 응답자가 영향을 받는 정도가 차이가 나기 때문이다.

일반적으로 태도에 대한 질문이 이러한 영향을 가장 민감하게 받는데, Schuman과 Duncan(1974)의 태도를 측정하는 두 가지 질문을 보면 이와 같은 사실을 잘 알 수 있다.

"닉슨 대통령은 25,000명의 군인을 베트남으로부터 3개월에 걸쳐서 철수하기로 하였습니다. 군인의 철수가 더욱 빠른 속도로 이루어져야 한다고 생각하십니까, 아니면 좀 늦은 속도로 이루어져야 한다고 생각하십니까?"

42% 빠르게 이루어져야 한다.
20% 지금과 같은 속도로 이루어져야 한다.
16% 늦게 이루어져야 한다.
13% 무의견

"당신은 대통령이 군인을 철수시키는 속도에 대하여 너무 빠르다고 생각하십니까, 너무 늦다고 생각하십니까, 아니면 적정하다고 생각하십니까?"

28% 너무 늦다. 49% 적정하다.
6% 너무 빠르다. 18% 무의견

위의 예에서 보면, 연구자가 어떤 질문을 사용하는가에 따라서 응답자의 의견이 달라지고 있다. 이렇게 응답자의 의견이 달라지는 이유는, 어떤 특정한 대상에 대한 사람들의 태도가 다른 태도나 신념과 매우 복잡하게 얽혀져 있기 때문이다. 또 어떤 대상에 대한 태도는 응답자들에 따라서 그 표현 정도가 매우 상이하기 때문에 정확한 측정이 어려운 것이다. 예를 들어 응답자 갑과 을이 각각 어떤 대상에 대한 태도를 5.2점이라고 점수를 매겼을 때, 갑은 7점 척도를 기준으로 5.2점이라고 표현했지만, 을은 6점을 기준으로 했을 수 있다.

이와 같이 응답자들은 그들이 생각하는 것과 질문상에서 나타난 표현을 대응시키기 위하여 많은 숙고를 하게 되고, 따라서 상이한 표현이 나타날 수 있다.

태도에 관한 질문과는 달리 행동이나 속성에 관한 질문은 단어의 변경에 대해서 그 질문의 의미가 덜 민감하게 반응하는 것이 보통이다. 예를 들어 사람들은 보통 그들이 6개월 전에 임신을 알아보기 위하여 병원에 들렀는지 여부를 묻는 질문에 대해서 혹은 결혼을 하였는지 하는 질문에 대해서 애매모호하게 대답하지 않는다.

신념에 대한 질문이 단어의 변경에 대해서 영향을 받는 정도는 태도에 관한 질문과 행동에 관한 질문의 중간적인 수준이라고 할 수 있다. 이와 같이 정보의 종류에 따라서 질문에서 선택된 단어의 영향력이 달라지기 때문에 단어의 선정은 매우 중요하다. 따라서 한 가지 정보를 여러 개의 질문을 통해서 조사하는 것이 바람직하다. 그러나 예를 들어 속성에 관한 질문 중 나이를 물을 때 "당신은 만으로 몇 살입니까?"라고 묻는 질문과 "당신이 태어난 연도는 몇 년입니까?"라고 똑같은 질문을 두 번 할 필요는 없을 것이다.

그러나 한 조사에서 네 종류의 정보를 모두 얻는 것이 좋다거나 나쁘다고 말할 수 없다. 입수하는 정보는 단지 그 조사의 목적이 무엇이냐에 따라서 결정되기 때문이다.

커뮤니케이션 방법의 결정

두 번째의 단계는 설문을 어떤 방법을 통하여 실시할 것인가 하는 문제에 대한 결정이다. 대표적인 조사 방법으로는 면접원이 응답자들을 한 명씩 설문 조사하는 "개별 면접법(personal interview)", 근래 시간과 비용 측면을 고려하여 선호되고 있는 전화 면접법(telephone survey), 우편조사(mail survey)와 인터넷 서베이(internet survey) 등이 있으며 이외에도 위의 방법들을 조합한 조사 방법들이 있다.

응답자와 조사자 간의 커뮤니케이션 방법은 응답자와 필요한 정보의 양과 유형, 조사 예산과 시간에 따라 달라진다.

커뮤니케이션 방법 = f(응답자의 수와 유형, 필요한 정보의 양과 유형, 조사 예산과 소요 기간)

즉 커뮤니케이션 방법은 응답자가 쉽게 설문지의 내용을 알아들을 수 있는 사람들인가, 그리고 그 수는 얼마인가 하는 것과 조사에서 필요로 하는 정보의 양은 얼마만큼이며, 어떠한 유형의 정보를 얻어야 하는가 하는 것의 함수로 볼 수 있다.

또한 실제 조사에서는 자료를 수집하는 데 소요되는 비용적인 측면이 매우 중요하게 작용하게 된다. 따라서 여러 조사 방법 중에서 조사의 목적과 비용적 측면을 함께 고려하여 선택하는 것이 중요하다. 실제 조사 기관에서 사용되고 있는 커뮤니케이션 방법은 다음의 표와 같으며 전체 조사 건수에서 각각의 방식이 차지하는 비율은 표에 나타나 있는 것과 같다.

〈표 1〉 조사방법에 따른 구성비

커뮤니케이션 방법	비 율
전화조사	10%
우편조사	2%
대인면접	27%
인터넷 조사	23%
심층 집단 면접(focus group interview)	18%
중심지 조사(central location test)	

자료원 : 조사회사 연구원 인터뷰 결과, 2007. 11.

한편 커뮤니케이션별 완성 면접당 비용은 대략 다음의 표와 같이 소요되는 것으로 나타났다. 그러나 대인 면접이나 심층 집단 면접에서 사회경제적으로 상층의 소비자들에 대한 조사를 하려고 하는 경우에는 표에 나타나 있는 비용보다는 훨씬 많은 비용과 기간이 소요되며 경우에 따라서는 불가능한 경우도 많다.

〈표 2〉 조사방식에 따른 비용

커뮤니케이션 방법	조사 비용의 범위(단위: 원)	
	저 가	고 가
전화조사	18,000	22,000
우편조사	20,000	30,000
대인면접	32,000	45,000
인터넷 조사	18,000	27,000
심층 집단 면접(8명 기준)	3,000,000	4,500,000

* 2007년 기준

특히 최고 경영자를 대상으로 하는 우편조사의 경우에는 자칫 최고 경영자 비서를 대상으로 조사를 하는 결과를 낳게 되는 경우가 종종 발생하므로 주의해야 한다.

직접 면접 방식, 전화 그리고 우편 등 조사 방법에 따라서 어떤 방식을 사용하는가 하는 것이 응답에 영향을 미칠 수도 있다. 그러나 이러한 차이는 조사 대상이 되는 주제에 따라서 미치는 영향이 달라지기도 하는 것으로 나타난다.

〈표 3〉 각 조사방식별 태도의 차이

	우편(%)	전화(%)	면접(%)	x^2	통계적 유의도
1. 국회의 SST 예산 삭제 결정에 대한 우호적 태도	74	73	75	.2	n.s.
2. 2년 내 전 육군의 지원병화에 대한 우호적인 태도	71	77	81	3.0	n.s.
3. 매사추세츠주 하원의석을 줄이는 데 우호적인 태도	81	76	79	.7	n.s.
4. 마리화나의 합법화	39	43	42	.8	n.s.
5. 피임기구를 미혼자들이 쉽게 구할 수 있게 하는 것에 대한 우호적 태도	83	67	72	8.0	p<0.5*
6. 낙태 합법화에 대한 우호적 태도					
7. 법원의 Calley중위 유죄 판결에 대한 우호적 태도	64	58	53	2.6	n.s.
8. 가톨릭계 학교에의 예산 지원에 대한 우호적 태도	37	32	34	.6	n.s.
9. 음주 허용 법정 연령을 18세로 내리는 조치에 대한 우호적 태도	60	62	67	1.7	n.s.
10. 피임의 합법화	89	62	70	29.5	p<0.1*

Wiseman, F.(1972) "Methodological Bias in Public Opinion Surveys," *Public Opinion Quarterly*, 36(1), 105~108.

개별 질문 내용의 확정

세 번째 단계에서는 개별 질문 내용을 확정해야 한다. 그러나 이 단계에 대한 정확한 방법은 존재하지 않으며, 따라서 설문 작성자는 “이러한 정보를 얻기 위해서 우리는 어떻게 응답자들에게 물어야 하는가?”를 늘 명심하여야 한다.

이 단계에서는 설문지의 초안이 도출되므로 단어의 옳고 그름에 그리 많은 주의를 기울이지 않아도 되는데, 왜냐하면 이 단계에서 단어에 너무 주의를 기울이다 보면 창의성이 떨어질 가능성이 매우 높기 때문이다. 여기서 반드시 확인해야 하는 몇 가지의 일반적인 원칙을 살펴보면 다음과 같다.

첫째, 특정 질문이 꼭 필요한가?

이것은 아주 당연한 조건같이 들리지만, 대개 연구하려는 핵심적인 내용과 관련 없는 질문이 설문지에 포함되어 있는 경우를 많이 발견할 수 있다. 따라서, 연구하려는 것의 리스트를 작성하여 각각의 질문을 리스트에서 체크하여 나가야 한다.

둘째, 조사 주제에 대해서 복수의 의미가 담긴 질문은 하지 않았는가?

이러한 것의 예를 들면 “당신은 스파크가 옷감을 상하게 하지 않고 깨끗하게 해준다고 생각합니까?”라는 질문을 했을 경우 응답자가 만일 “아니오”라는 대답을 했다고 하자. 이 경우 “아니오”라는 대답은 “스파크는 옷감을 깨끗이 세탁하지 못한다”라는 의미인지 아니면 “옷감은 깨끗이 하지만 옷을 상하게 한다”라는 의미인지 명확하지 않다. 따라서 위 질문은 두 개의 질문으로 나뉘어져야 한다.

셋째, 응답자들이 해당 질문을 대답할 만한 지식을 가지고 있는가?

응답자들 모두가 설문의 적당한 대상자가 아니므로 적절한 응답자들을 선별해서 질문하여야 한다. 물론 그 질문이 응답자들의 지식 수준의 분포를 알기 위한 것이라면 잘 모르는 응답자들도 포함시켜야 할 것이다.

응답자들에게 과거에 대한 질문을 하면서 연구자들은 응답자들이 잘 알고 있으리라는 가정하에서 질문을 하는 경우를 흔히 볼 수 있다. 그러나 기억을 돌이키는 질문에 대한 대답에는 어느 정도 응답 오류가 포함되어 있음을 명심하여야 한다.

넷째, 해당 질문에 대해서 대답을 하는 데 얼마만큼의 노력이 필요한가?

설문 작성자들은 응답자들이 어떤 질문에 대답을 하는 데 많은 주의와 노력을 기울일수록 더 나은 대답을 한다고 느끼는 경우가 많은데, 응답자들은 많은 주의와 노력을 기울일수록 더 많은 추측을 하게 된다. 따라서 응답 결과의 정확성의 향상은 추측의 위험성이 포함되는 것이다.

다섯째, 응답자들이 연구자들이 원하는 정보를 정확하게 표현하여 줄 수 있는가?

응답자 중에는 그들이 생각하는 것을 말로 표현하는 데 익숙하지 못한 사람들이 많다. 특히 자유 응답형 질문에 자신의 생각을 그대로 표현하지 못하는 경우를 종종 볼 수 있다.

사용할 질문 유형과 방식의 결정

다음 단계에서는 설문 조사를 하는 데 사용될 조사 기법과 질문의 유형과 관련된 사항을 결정하는 것이다. 설문 조사를 하는 과정에서 사용되는 조사 기법은 크게 회상 보조, 회상 비보조 기법(aided/unaided recall test)/정형적 조사, 비정형적 조사(structured/unstructured study)/위장 조사, 비위장 조사(disguised/undisguised study)로 구분할 수 있다.

▶ 회상 보조와 회상 비보조 기법

응답자들은 특정 사실을 계속적으로 기억할 수 없기 때문에 기억을 상기하도록 도와주는 기법이 바로 회상 보조 기법이다. 대개 어떤 주제에 대해서 바로 묻는 것보다는 보조적인 자료를 제시하면, 응답자들은 기억을 더 빨리 해내며, 몰입도도 높아진다.

"세제 중에서 제일 먼저 생각나는 브랜드는 어떤 것이 있습니까?"
"혹시 타케트라는 브랜드를 들어본 적이 있으십니까?"

보조 기법은 질문 내에서 브랜드명을 보조하는 것 이외에도 브랜드 심벌이나 색상 등 다양한 보조물을 제시할 수 있다.

Neuman(1976)의 TV 뉴스 내용에 관한 조사에 따르면, 응답자들은 비보조의 경우 평균적으로 1~2개의 뉴스밖에 생각해내지 못하였으나, 보조 기법을 사용하면 평균 7~8개의 내용을 상기해낸 것으로 나타났다. 따라서 조사의 목적이 무엇인가에 따라서 이 두 가지의 기법을 적절하게 사용해야 한다.

▶ 정형적 조사, 비정형적 조사(structured/unstructured study)

정형적 조사라고 하는 것은 조사가 어떤 예정된 질문 순서에 따라서 진행되는 것을 의미하는데 보통 설문지에 의한 조사가 이에 해당된다. 반면에 질문의 순서를 정하지 않고 자유롭게 질문하는 것을 비정형적 조사라고 한다.

▶ 위장 조사, 비위장 조사(disguised/undisguised study)

조사의 목적을 응답자에게 통지하고 조사하는 것을 비위장 조사라고 하고 그렇지 않은 것을 위장 조사라고 한다. 이 두 조사 방법은 연구의 목적에 따라서 적절하게 사용할 수 있는 것인데, 만일 어떤 가상적인 연구를 하기 위한 것이라고 할 때, 응답자들이 그 연구를 실제 상황이라고 생각하게 만들기 위해서 연구의 목적을 이야기하지 않고 조사를 하는 경우가 있는데, 이러한 조사가 위장 조사이다.

이러한 조사 방법을 결합하면 다음과 같이 표를 만들 수 있다.

분 류	정형적 조사	비정형적 조사
비위장 조사	대부분의 설문지	포커스 집단 면접 심층 면접
위장 조사	심층적 태도 측정	투영 기법

▶ 정형적/비위장 조사

일반적인 마케팅 조사에서 많이 사용하는 조사 방법이다. 정형적인 방법은 그 조사 순서나 내용이 일정하게 되고, 응답해야 할 내용들도 동일한 범위에서 이루어지므로 비정형적인 방법보다 높은 신뢰도를 가진다. 따라서 자료의 집계와 해석, 통계적인 처리가 용이한 장점이 있다.

▶ 비정형적/비위장 조사

특정 행동에 대한 동기를 물으면 응답자들은 특별한 동기가 없이 무의식적으로 발생한 행동에 대해서는 정확한 대답을 하지 못하는 경우가 많다. 이러한 경우 응답자들의 내적인 분석을 통하여, 어떤 조사 주제에 대한 의견을 이끌어 내든지 어떤 주제에 대하여 자유로운 토론을 유도하여 그것에 대한 다양한 관점을 이끌어 내고자 할 때 이 방법이 사용된다.

▶ 비정형적/위장 조사

응답자들이 자신의 태도와 동기에 대해서 정확한 응답을 할 수 없을 경우나 혹은 그러한 대답을 잘 하지 않으려는 경향이 있는 경우에 응답자들로 하여금 조사의 내용이 무엇인지 잘 모르게 하여, 자유로운 의견을 나타내도록 유도하는 방법이다. 이러한 기법 중에 대표적인 것이 투사법(projective technique)이다.

투사법은 모든 사람들이 어떤 대상에 대해서 그 나름대로 인식한다는 근거하에 조사하는 기법인데, 떨어져 번진 잉크를 보면서 조사하는 로호샤하의 잉크시험법(Rochsha ink blot test), 미완성된 문장을 완성시키게 하는 문장완성법(sentence completion) 등이 대표적이다.

문장완성검사(Sentence Completion Test; SCT)는 대표적인 심리검사도구 중 하나로 1928년 Payne이 단어 연상검사를 보충하기 위해 처음 사용하기 시작한 이래로 지금까지 널리 사용되고 있다.

문장완성검사는 명칭에서 알 수 있듯이 '언젠가 나는……' 과 같이 문장이 주어지면 이어지는 뒷부분을 채우는 형태로 수행하는 자기보고형이며 양적인 채

점기준이 없는 것이 특징이다.

가족, 성, 대인 관계뿐 아니라 자신의 과거, 현재 미래에 대한 태도, 자신의 능력에 대한 생각, 욕구, 소망, 두려움, 죄의식 등을 내용분석을 통해 살펴볼 수 있는 조사방법이다.

투사법의 고전적인 케이스인 Haire(1950)의 연구에 따르면, 인스턴트 커피가 막 레귤러 그라운드 커피와 경쟁적인 시장을 형성하고 있는 시기에 소비자들을 대상으로 인스턴트 커피가 왜 싫은지 이유를 물었더니, 대부분의 응답자들이 향이 싫다고 하였다.

그러나 비정형적/위장 조사를 통해서 "인스턴트 커피 등의 품목을 구입하는 주부들은 어떤 유형의 주부들인가?"라는 질문을 하였더니 결과는 아래의 표와 같이 나타났다. 소비자들이 판단하는 그 두 집단의 특징적인 차이는 바로 "게으름"이라는 것이었다. 즉, 그 당시의 주부들의 가치관에서는 인스턴트 커피를 구입하는 주부들은 게으른 주부라는 의식이 있었던 것이다.

항 목	Nescafe 인스턴트 커피 소비자	Maxwell House 여과 커피 소비자
게으름	48%	4%
구매계획을 하지 않음	48%	12%
낭비함	12%	0%
절약함	4%	16%
좋은 주부	4%	16%

▶ 정형적/위장 조사

소비자들의 개인적인 지식 및 지각 기억은 자신들의 환경에 의해서 조건화된다. 예를 들어 갑이라는 정당의 정책을 수립하는데 의견을 듣기 위해서 설문 조사를 하는 경우, 응답자가 만일 갑이라는 정당을 싫어한다면, 갑이라는 정당에서 하는 모든 조사에 대해서 부정적으로 의견을 표현하거나, 아예 의견을 나타내지 않을 수도 있다.

따라서 이러한 문제점을 해결하기 위하여, 위장적인 방법을 사용하여 이 질문은 갑이라는 정당의 정책 수립용이라는 것을 밝히지 않고 설문지 등을 이용해 조사를 하는 것이다.

〈표 4〉 질문방식별 장 · 단점

분　　류	장　　점	단　　점
정형적/비위장 질문	• 결과의 높은 신뢰도 • 자료의 집계와 해석이 용이 • 응답자의 전체적인 통제가 용이	• 불완전한 응답을 할 가능성 • 숙달된 조사자 필요
비정형적/비위장 질문	• 심층적인 동기 파악 • 진행사항의 융통성	• 전체적인 비교 불가 • 면접자의 판단이 개입 • 높은 비용
비정형적/위장 질문	• 심층적인 동기 파악 • 창의적인 결과 파악	• 면접자와 연구자의 주관이 개입 • 비교적 높은 비용
정형적/위장 질문	• 전체적인 통제 용이 • 전체적인 자료의 분석이 용이 • 조사의 높은 신뢰도	• 응답자에 대한 윤리적 문제 발생

한편 보통 설문 조사에서 사용되는 질문 유형으로는 자유 응답형(open-ended question), 다지 선택형(multi choice question), 양자 택일형(two way question)으로 구분할 수 있다. 이에 대한 설명은 2장부터 자세히 나와 있기 때문에 이 장에서의 설명은 생략하기로 한다.

소비자들의 서비스에 대한 문제점 청취와 제언 조사

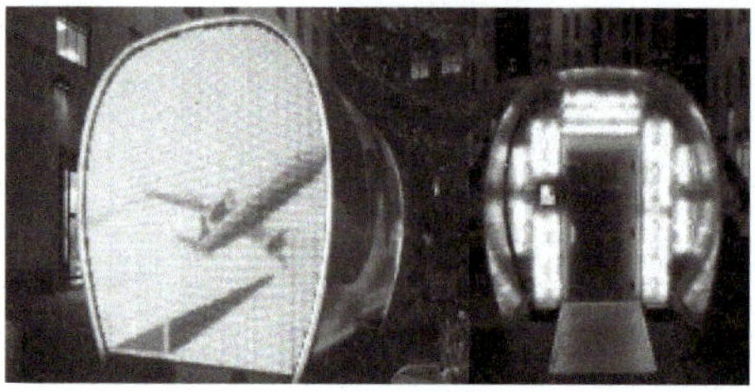

심층 조사를 통한 고객의 서비스에 대한 기저의 문제점을 파악하는 것이 바람직하다. 정작 조사대상이 되는 사람들은 바쁘기 때문에 조사회사까지 오기가 어렵기 때문에 CLR(Central Location Research)이 필요하다.

최근 광고대행사인 JWT는 JetBlue의 문제점들을 조사하기 위해서 뉴욕의 록팰러센터(Rockefeller Center)부터 10개의 도시에 이야기부스(story booth)를 설치하고 고객들의 JetBlue 비행 경험을 수집했다. 이 이야기 부스는 실제 JetBlue 기내와 똑같이 만들어졌다. 좌석, 머리 위 수납 칸, 좌석 테이블, TV, 기내 간식 등을 그대로 재현해낸 것이다. 심지어는 승무원들이 고객의 이야기 경험을 안내하기도 했다.

이어서 JetBlue는 기내 좌석에 우송 엽서를 배치하고, 승객들이 비행 경험을 적도록 유도하여 생생한 정보를 수집하고 있다.

질문에 있어서 단어 의미의 확정

질문에서 약자나 일상적으로 사용되지 않는 단어들을 포함하고 있지는 않은가를 살펴보는 것은 매우 중요하다. 연구자들은 설문지에서 응답자들이 충분히 알고 있으리라는 가정하에 종종 약자나 시사용어를 사용하는 경우가 많기 때문이다. 그러나 예를 들어서, 최근 많은 언론에서 등장한 "교토의정서", "방카슈랑스", "KEDO"를 정확하게 아는 응답자는 그리 많지 않을 것으로 보인다.

만일 "귀사에서는 바코드 대신 RFID 시스템을 적용하는 것이 필요하다고 생각하십니까? 라는 질문을 했다면 RFID가 무엇을 의미하는 약자인지 응답자들이 다 알고 있을 것이라는 가정하에서 질문하는 것이 된다. 따라서 이러한 단어

가 무슨 의미인지를 모르는 사람들은 이 질문에 대답할 수 없으며, 설령 대답을 한다고 해도 추론을 바탕으로 한 대답을 할 수밖에 없다. RFID는 Radio Frequency Identification의 약자로서 IC칩과 무선을 통해 식품, 동물, 사물 등 다양한 개체의 정보를 관리할 수 있는 차세대 인식 기술이다. 하지만 이러한 것을 압축된 단어를 풀어서 설명한다고 하더라도 역시 내용에 대해서는 알기가 쉽지 않을 것이다.

질문 순서 및 설문지의 전체 배치의 결정

설문지상의 전체적인 순서는 우선 도입 질문, 연구 내용 질문, 인구 사회 경제 통계적 변수에 대한 질문 등으로 크게 구분할 수 있다.

Frey(1983)에 따르면 전화 인터뷰에서 특히 처음 시작하는 질문은 주제와 연결되어 있는 것이 바람직하다고 지적한다. 예를 들면 "안녕하세요, 여기는 서울리서치이며, 저는 조사원 이인혜입니다. 우리는 지금 서울이 생활하기가 어떤지에 대해서 조사하고 있습니다" 등으로 시작하는 것이 좋다.

특히 자유 응답형 질문의 일종인 이유를 묻는 질문은 간단하게 묻는 것이 좋으며, "당신은 어떤 점에서 그와 같이 대답하였습니까?"라는 질문을 하고 응답자에게 시간적 여유를 주는 것이 바람직하다. 이것은 질문의 유형에 따라서 시간 배정이 필요함을 의미하는데, 각 질문에 적절하게 시간을 안배함으로써 응답자로부터 대답을 이끌어 낼 수 있도록 '길들이는' 것이 필요하다.

그뿐 아니라 자유 응답형 질문은 종종 응답자를 침묵으로 이끌 수 있기 때문에 어려운 질문부터 하여 응답자를 의기소침하게 만들어서는 안 됨을 명심하여야 한다.

응답자의 인구 통계학적인 사항을 묻는 "배경에 관한 질문"은 설문지의 제일 뒤에 위치하여 면접의 제일 마지막에 묻는 것이 일반적이다. 수입 등은 민감한 사항이므로 응답을 거절당하기 쉽기 때문에 부정적인 반응이 나올 만한 것은 설문지의 후반부에서 묻는 것이 좋다. 그러나 배경에 대한 질문이 전부 민감한 사항만이 있는 것이 아니고, 설문지의 전반 부분의 질문 내용들이 응답자가 보기에 심각한 사항들이 아닌 경우에는 그다지 부정적인 반응은 하지 않는다. 만일 개인의 사실이나 경험들이 조사의 목적이라면 이러한 것들을 앞부분에서 질문할 수도 있다. 그때는 설문지가 연대기적인 접근법을 취하게 될 것이다. 때로는 연구자의 주관에 따라서 면접이 중단될 것을 고려해서 설문의 중간 부분에 민감한 것들을 위치시킬 수도 있다.

질문 내용의 순서는 질문의 내용에 따라서 내용의 흐름이 무리없이 흐를 수 있는 방향으로 이루어져야 한다. 또 질문의 순서에 따라서 뒤에 따르는 질문의 답이 앞의 것에 영향을 받는 경우가 많다는 점도 고려해야 한다.

Tuner와 Krauss(1978)는 정부에서 각종 예산을 사용하여 벌이는 활동들을 소개한 뒤에 세금에 대해 질문을 하면, 세금이 높다고 대답하는 응답자는 그리 많지 않음을 발견하였다. 이는 이전의 질문이 응답자에게 내적 일관성을 유지하는 기준으로 작용하기 때문이다.

어떤 사람에게 지난 6개월간 범죄의 사실이 있느냐고 물었을 때 만일 그 이전 질문이 범죄에 대한 일련의 태도 등에 관한 것이었다면, 그 질문으로 인해서 뒤의 질문에 영향을 미치게 될 것이다. 범죄에 대한 태도나 개념에 대한 질문은 기억을 자극하여 그 질문이 없었으면 지나쳤을 사건도 생각해내게 되기 때문이다.

또 다른 예로 Gross(1964)는 질문 순서에 대한 효과에 관한 조사를 하였는데, 29센트짜리 연필 겸용 펜 제품에 대한 응답자들의 구매 관심도를 조사하기 위해서 질문 순서가 다른 다섯 가지의 설문지를 제작하였다.

첫 번째의 응답자 집단에게는 제품을 제시한 후 바로 구매 관심도를 물었다. 두 번째 응답자 집단에게는 해당 제품의 장점이 무엇인지를, 세 번째 집단에게는 단점이 무엇인지를 물은 후 구매 관심도를 질문하였다. 한편, 네 번째의 집단에게는 해당 제품의 장점과 단점을 물은 후 구매 관심도를 질문하였으며, 마지막으로 다섯 번째 집단에게는 단점과 장점을 물은 후 구매 관심도를 질문하였다.

아래의 결과를 보면 제품의 장점을 물은 후 구매 관심도를 물은 경우에 구매 관심도가 가장 높게 나타났으며, 단점을 물은 후 구매 관심도를 물은 경우에는 가장 낮게 나타났다. 그리고 그 이외의 질문 순서는 그다지 영향을 미치지 않은 것으로 나타났다.

이와 같이 앞에서 어떤 질문을 하였는지에 따라서 후속 질문의 응답에 많은 차이가 있음을 알 수 있다.

〈표 5〉 구매 관심도에 대한 질문 순서의 효과

구매 관심도	질 문 순 서				
	제품을 제시한 직후	장점을 물은 후	단점을 물은 후	장점-단점 순서로 질문	단점-장점 순서로 질문
적극 관심	2.8%	16.7%	0%	5.7%	8.3%
보통 관심	33.3%	19.4%	15.6%	28.6%	16.7%
다소 관심	8.3%	11.1%	15.6%	14.3%	16.7%
관심 없음	25.0%	13.9%	12.5%	22.9%	30.6%
전혀 관심 없음	30.6%	38.9%	56.3%	28.5%	27.7%

한편 설문지의 배치는 전체적으로 원뿔(Corn)모양으로 갖추어져야 한다. 즉 처음에는 질문의 주제를 광범위하게 시작하여 점차 줄여 나가는 방법으로 구조를 갖추는 것이다. 따라서 전체적인 배치는 점차 세분화한 주제로 나가게 되는 것이다.

▶ 응답자들이 이성적으로 판단할 수 있게 하는 색깔고려

질문지의 색깔도 응답자의 반응에 영향을 미칠 수 있다. 질문지의 색깔이 응답자의 응답에 미치는 영향은 조사 문제가 어떤 상황인지, 어떤 유형에 관한 것인지에 따라 질문지의 색깔이 응답자들의 대답과정에서 흥분도를 다르게 할 수 있다.

일반적으로 붉은 계열의 색깔 종이가 흥분을 더 유발하는 것으로 예상되지만 분홍색보다 청색이나 흰색 질문지를 받은 쪽에서 흥분도가 높게 나타난 실험결과가 있다.

따라서 이러한 것을 고려하여 흥분을 불러일으킬 만한 사회적인 문제를 조사하는 경우에는 좀 더 차분한 계열의 설문지 색깔도 고려해 볼 필요가 있다.

〈표 6〉 질문지의 색깔이 응답자들이 느끼는 흥분도에 미치는 영향 : 흉악범에 대한 배심원(법정)의 유죄와 무죄판결과 관련해서

(종합 흥분도 평균 : 흥분척도 8점 ~ 56점 : 점수가 높을수록 흥분도 높음)

범행 내용	질 문 지 색 깔			합계평균	ANOVA
	분홍 N=74	청색 N=73	흰색 N=74		
자기집 앞에서 직장여성 피살되었지만 이웃주민이 무관심했던 사건	43.19*	45.85	43.95	44.32	F=3.76
미인 대회 수상자가 남성들에게 성폭행당한 사건	42.41	45.36	44.14	43.36	F=4.95
부인과 함께 시간을 보내던 남편이 집 앞에서 피살된 사건	40.69	41.56	41.07	41.11	F=1.02

8개 문항에 대한 반응을 합산해서 종합 흥분도척도를 만듦.

Weller, L. & Livingston, R.(1988) "Effect of Color of Questionnaire on Emotional Response," *Journal of General Psychology*, 115(4), 433~ 440.

설문지의 사전 테스트

조사 과정에서 본 조사에 앞서서 사전 조사를 하는 것은 필수적이다. 사전 조사는 시간이나 보고서의 제출 기일, 금전적 부담 등과 관계없이 꼭 행해져야 하지만, 일반적으로 어떻게 진행하는 것이 좋은 사전 조사인가에 대한 법칙은 없다.

그러나 사전 조사의 결과가 과장될 수도 있고, 현실적이지 않을 수도 있으므로 결과 해석에 주의하여야 한다. 사전 조사의 성격에 따라서 다양한 범주의 방법을 사용할 수 있으며, 응답자들에게 사전 조사임을 알려주고 실시하는가, 공개하지 않고 실시하는가에 따라서 디자인을 다르게 구성할 수 있다.

사전 조사에서는 다음과 같이 응답자에게 각각의 질문에 대한 내용을 조사할 수도 있고, 단어 등과 같은 자세한 수준까지 질문을 할 수도 있다.

> "당신에게 전체 질문은 무엇을 의미합니까?"
> "그것이 당신에게 무엇을 생각나게 합니까?"
> "그 질문을 이렇게 생각해 보십시오 ______________________ "
> "귀하께서는 __________ 가 __________ 라고 말씀하셨는데, 만일 제가 __________ 가 __________ 라고 한다면 다른 의미라고 느끼십니까?"

그러나 사전 조사에서 응답자 집단을 너무 깊이 질문의 문제점 캐기에 관여시키면 오류가 개입될 가능성이 높아지므로 적당한 선에서 조절하여야 하고, 동료나 친구를 대상으로 하여 묻는 것도 무방하다. 그러나 선정된 집단은 미완성된 질문을 일반적인 응답자보다 더 깊이 잘 이해할 가능성도 있으므로 이런 점을 항상 잘 고려하여야 한다.

응답자에게 질문의 현 단계를 설명해 주지 않은 경우에 면접원들은 응답자가 대답하는 것에 대한 표면적, 이면적인 의미, 대답 시 참조로 하는 것 등 질문과 관련된 것들을 세밀하게 관찰 조사하여야 한다.

매우 숙달된 면접원이 응답자의 태도를 관찰하면서, 녹음을 하거나 기록하여 나가야 한다. 그리고 면접원은 표준화된 설문지의 모든 문장에 대하여 질문을 한 뒤에 몇 개의 부가적인 질문을 할 수 있다.

수정과 최종안 결정

이러한 단계를 거쳐 연구자들은 발생된 문제점들을 보완하여 실제 조사 과정에서 일어날 수 있는 모든 문제점에 대해 대비할 수 있다.

참고문헌

Frey, J. H.(1983), Survey Research by Telephone, Beverly Hills, CA:Sage.

Gross, Edwin J.(1964), "The Effect of Question Sequence on Measure of Buying Interest," *Journal of Advertising Research*, Vol.4(September), pp.41–45.

Haire, Mason(1950), "Projective Techniques in Marketing Research," *Journal of Marketing*, Vol.14(April), pp.649–652.

Neuman, W. Russel(1976), "Patterns of Recall among Television News Viewers," *Public Opinion Quarterly*, Vol.40(Spring), pp.110–118.

Schuman, Howard and Otis Dudley Duncan(1974), "Questions about Attitude Survey Questions" in Herbert L. Costner(ed.,) *Sociological Methodology*, San Francisco, Jossey–Bass, pp.232–251.

Tuner, C. F. & E. Krauss(1978), "Fallible Indicators of the Subjective State of the Nation," *American Psychologist*, Vol.33, pp. 456–470.

2 사전 설문 조사 (pretest of survey questionnaire)

본 조사에 앞서서 사전 조사를 하는 것은 정확한 자료를 얻기 위해 필수적인 과정이다. 즉 시간이나 보고서의 제출 기일, 금전적 부담 등과 관계없이 꼭 거쳐야 하는 일종의 통과의례라고 할 수 있다. 어떻게 사전 조사를 하는 것이 최선인가에 대한 원칙은 없다. 그러나 사전 조사의 결과는 제한된 표본에 의한 조사이므로 결과가 과장될 수도 있고, 현실적이지 않을 수도 있으므로 해석에 주의하여야 한다.

사전 조사의 조사 성격에 따라서 응답자들에게 사전 조사인지를 알려주고 실시하는지 아니면 사전 조사임을 숨기고 하는지에 따라서 전체적인 사전 설문 디자인은 다르게 구성될 수 있다.

사전 조사의 목적

사전 조사는 크게 두 가지의 목적으로 실시한다. 첫째는 특정 질문 자체의 문제점들을 해결하기 위한 일환으로 행해지는 경우로서 ① 질문이 응답자들에게 받아들여지는 의미, ② 질문에 대한 응답의 어려움, ③ 질문에 대한 응답자의 흥미와 주의 정도가 조사하고자 하는 집단에 적합한가 하는 점이다. 두 번째는 설문지 전체의 흐름과 관련된 것이다. 즉 ① 질문지 부문별 구성의 흐름과 자연스러움, ② 질문의 순서, ③ 질문지 구성상 한 질문이 다른 질문으로 연결되는 형태의 적합성, ④ 질문에 소요되는 시간, ⑤ 응답자에 대해 고려해야 할 주의점 등을 점검하려는 목적으로 구분할 수 있다.

▶ 응답자들에게 받아들여지는 의미

각각의 질문이 응답자들에게 받아들여지는 의미는 경우마다 다르기 때문에 일반적으로 이야기하기가 힘들지만, 대학생들이나 숙련된 제3자들에 대하여 사전 조사를 함으로써 조사자가 의도하였던 설문지상의 의미가 왜곡되어 해석될 수 있는 것들을 찾아내어 고쳐 주어야 한다. 이러한 점이 바로 사전 조사에 있어서 매우 중요한 목적이다. 그러나 이 과정을 통하여 완전한 표현으로 완성되기에는 많은 노력이 소요되기 때문에 간혹 문제점을 찾지 못하는 경우가 많다.

Belson(1981)의 연구에서 TV에 관한 50개의 질문을 4개의 집단에 대해서 각각 질문을 하였다. 50개의 질문 문항은 흔히 시장 조사 회사들이 사용하는 평범한 수준의 질문이었다. 그러나 면접이 끝나고 난 뒤에 나타난 결과를 확인해 본 결과, 응답자들이 질문에 대한 이해도가 매우 낮음을 알 수 있었다. 응답자들이 질문을 이해한 정도에 따라서 평가한 결과, 전문가들에 의해서 이해도가 가장 높다고 평가를 받은 질문도 50%의 사람만이 그 질문의 전체 의미를 이해하였으며, 가장 낮은 점수를 받은 문항은 응답자들 중 아무도 이해하지 못하였고, 평균적으로 29% 정도만 이해하고 있었다.

Belson(1981)의 연구에서 얻을 수 있는 중요한 의미는 질문지를 작성하는 조사자들이 실제로 사용하는 단어들이 응답자들로서는 이해하기 힘든 단어임에도 불구하고 실제 조사에서 종종 사용된다는 것이다.

또 응답자들이 질문을 이해하지 못해 응답하기 어려워지면 그 질문을 응답하기 쉬운 방향으로 수정하여 응답한다는 사실도 발견하였다. 즉 설문의 내용을 이해하기 어려운 경우 응답자들은 "아전인수"격으로 질문 작성자의 의도와 동떨어진 대답을 한다는 것이다. 이렇게 대답하는 이유로는 응답자들이 그들의 무지를 감추려 하기 때문이기도 하지만, 응답자들에게 단순히 그들의 의견을 물어볼 때에도 흔히 나타난다.

어떤 질문 문항들은 조사자에게는 확실해 보이는 것도 응답자들에게는 분명치 않을 경우가 있다. 미래의 의도를 측정하는 것보다는 현재의 의견을 측정하는 것이 수월하고, 의견을 알아보는 것보다는 사실(fact)을 확인하기가 더욱 쉽다. 그러나 누구나 명백하다고 생각하는 사실 확인을 위한 질문도 응답자들에게 혼선을 야기시킬 수가 있다. 아래의 "댁에서는 자동차를 갖고 계십니까?"라는 누가 보아도 단순하게 보이는 질문을 살펴보자.

〈표 1〉 "댁에서는 자동차를 갖고 계십니까?"라는 사실 확인 질문의 문제점

질 문 사 항	혼선의 가능성
(1) 댁에서는 자동차를 갖고 계십니까?	한쪽 방향으로 질문을 하였기 때문에 응답자들에게 동의를 강요하는 편기(bias)를 발생시킬 우려가 있다. 응답자들은 질문에 동의하는 방향으로 대답하는 경향이 높기 때문이다. 이 편기를 줄이기 위해서는 (2)와 같이 양방향으로 묻는 것이 안전하다.
(2) 댁에서는 자동차를 갖고 계십니까, 안 가지고 계십니까?	"댁"이라니? 응답자를 지칭하는 것인지, 아니면 응답자의 집을 가리키는 것인지가 분명치 않다. 자동차가 남편의 이름으로 소유 등록되어 있을 경우 부인이나 자녀들은 어떻게 응답을 할 수 있을 것인지? 이런 혼선을 피하기 위해서는 다음 (3)과 같이 물어야 하는 것인지도 모른다.
(3) 당신이나 혹은 당신 가족 중에 누가 자동차를 가지고 계십니까?	어떤 노인이 자신은 차가 없는데 이번에 분가한 아들에게 차가 있을 경우, 이 질문에 어떻게 응답해야 할까? 아들이 가족의 일원이니 "예"라고 대답해야 하는 것인지, 이런 혼선을 피하기 위해서는 (4)와 같이 질문을 해야 하는 것이 바람직하다.
(4) 당신이나 혹은 집에 같이 살고 있는 가족 중에 누가 자동차를 가지고 계십니까?	이쯤되면 혼란이 많이 정리된 것 같이 보인다. 그러나 차를 장기 대여해서 사용하고 있을 경우나, 회사에서 전용으로 사용하도록 하고 있는 경우에는 어떻게 대답해야 하는 것인지의 문제는 여전히 남게 된다.

Roper, B.W(1984) "Are Polls Accurate?", *Annals of The American Academy of Political And Social Science*, 472, 24~34.

▶ 조사 내용의 어려움

질문이 명확히 작성되었고 응답자가 정확히 이해하였다 하더라도 대답하기가 어려운 경우가 있다. 예를 들어 "귀하께서는 작년에 몇 잔의 커피를 마셨습니까?"라는 질문에는 정말 구두쇠나 가계부를 잘 쓰는 사람이라 하더라도 대답하기가 힘들다.

이와 같이 과연 이러한 질문에 자세하게 대답할 수 있는가 내지는 응답자들이 대답에 어려움을 느끼는 수준이 어느 정도인가를 파악하는 것이 중요하다. 만일 결과적으로 그 질문을 꼭 해야 한다면 응답자들에게 기억을 할 수 있는 단서(cue)를 설문상에 제시하는 것도 고려할 수 있다.

▶ 응답자의 흥미와 주의 정도

이러한 측면은 사전 조사에서 흔히 간과되기 쉬운 것으로, 응답자들이 어떤 주제에 흥미를 느끼고 자극을 받는가 하는 것을 사전 조사에서 점검해야 한다는 것이다. 이에 대한 연구는 거의 없는 편이지만, 응답자들이 느끼는 흥미나 지루함은 설문의 응답에 영향을 끼칠 가능성이 높다.

이와 관련된 Herzog와 Bachman(1981)의 연구에서는 23개 항목의 질문을 4개의 선택안이 있는 구성으로 질문을 하였고, 이에 사용된 척도는 '강하게 동의합니까', '전혀 동의하지 않습니까'라는 의미 차이법으로 질문을 하였다. 이러한 형태는 예/아니오처럼 개인 면접에서 매우 단조롭고 지루한 형태로 받아들여지기 쉽다. 이 결과 질문의 후반부에 들어서 응답자들은 선택안을 고르는 경향이 질문의 내용이 무엇이든지 간에 같은 번호나 비슷한 위치에 있는 선택안만 선택하는 경향을 보이는 것을 발견하였다. 이 같은 현상은 조사를 하는 데 소요되는 시간이 길수록 더 발생되는 것을 확인하였다.

Sharp와 Frankel(1983)은 연구에서 "면접에 소요되는 시간이 길거나 질문량이 많을수록 응답자에게 부정적인 효과로 경험될 뿐만 아니라, 후속적인 면접에 참여할 것인지를 예측할 수 없게 만든다"라고 하였다. 따라서 조사자는 조사의 지루함을 덜기 위해서 질문 디자인에서 쓸데없는 반복을 피하고, 항상 응답자의 주의와 흥미를 끌 수 있는 방향으로 질문을 배열해야 한다.

따라서 구어적인 질문뿐만 아니라 보기 카드나 소책자 등을 이용하여야 하며, 때로는 응답자 스스로가 대답을 기입할 수 있는 질문의 형태도 필요하다.

▶ 질문에 소요되는 시간

질문지의 부분별로 조사자는 소요되는 시간을 점검해야 한다. 왜냐하면 대면 조사(face to face research)에서 응답자와의 면접 시간이 절대로 평균 한 시간을 넘어서는 안 되기 때문이다. 전통적으로 가톨릭에서는 미사 시간과 회합이 결코 한 시간을 넘지 않는데, 이것은 한 시간이 넘으면 사람들의 주의가 산만해지기 때문이라는 설명도 있다. 설문 조사 과정에서 일정한 면접 시간이 넘으면 응답자들은 피로해 하거나 면접 중단을 요구하게 된다. 또한 응답자들이 미리 예상 면접 시간을 아는 경우에는 아예 면접을 거절하는 등의 사례가 많이 일어난다.

실무적인 입장에서 본다면 대략 길어도 20분 내에서 질문을 끝내야 할 것이며 만약 그보다 긴 시간을 응답자에게 질문하고자 한다면 조사자는 그에게 특별한 답례를 해야 정상적인 질문이 가능하다.

▶ 질문지 부문별 구성 순서와 자연스러운 질문 흐름

질문지를 어떻게 하면 자연스럽게 구성할 수 있는가에 대한 질문에 명확하게 대답하기는 힘들다. 단지 질문지를 계속해서 읽어 보는 것만으로는 뭔가 부족하다. 조사자는 다른 사람이 질문지를 읽는 것을 계속해서 들어봐야 하고, 면접원들이 실질적으로 질문들을 어떻게 응답자들에게 전달하는지도 들어야 한다. 또한 응답자가 그 질문에 대해서 대답하는 것을 잘 들어서 관찰해야 한다. 그러나 여기서 조사자가 명심해야 할 것은 면접원들과 응답자들이 질문지 그대로 전달하거나 받게 되는 것이 아니라는 것이다.

질문 주제의 흥미와 명료성 그리고 이치에 맞는 배열은 질문지상에서 한 부문에서 다른 부문으로 넘어가는 데 일관성 있는 흐름을 가지게 해준다. 이를 위해서는 질문지 흐름을 단순하고 간결하게 만들어야 한다. "지금부터 귀하께서 하시는 직업에 대해서 이야기하려고 하는데……"라든지 "지금 다른 주제에 대해서 몇 가지의 질문을 하려고 하는데"라는 식의 모호한 표현으로 질문의 운을 떼는 것은 좋은 연결 문장으로 볼 수 없다.

좋은 질문지 구성이 되려면 주제를 천천히 그리고 간단하게 표현하여 응답자와 면접원들을 부지불식간에 구석으로 몰아가야 하는 것이다. 이런 자연스러운 흐름이 없으면 질문 구성이 딱딱해지기 쉽다.

▶ 질문의 순서

이렇게 구성된 질문을 이야기하듯이 자연스럽게 하는 것이 중요하다. 그중에서도 특히 응답자가 흥미 있어 할 질문부터 시작하는 것이 바람직하다. 물론 어느 것이 응답자에게 흥미를 줄 수 있는가 하는 것은 사전 조사를 통해서 알 수 있다.

Frey(1983)는 전화 인터뷰를 할 때 특히 처음 질문이 조사하려는 주제와 직접적으로 연결되어 있어야 한다는 점을 강조한다. 예를 들면 "안녕하세요, 여기는 ＊＊조사 연구소이고 저는 연구원인 나잘난입니다. 우리는 지금 서울이 생활하기가 어떤지에 대해서 조사하고 있습니다"라는 식으로 말이다.

Frey에 따르면 자유 응답형 질문의 유형 중의 하나인 이유를 묻는 질문은 간단하게 묻는 것이 좋다고 한다. "당신은 어떤 점에서 그와 같이 대답하였습니까?"라는 질문을 하고 응답자에게 시간적 여유를 준다. 이 경우 응답자들에게 시간적 여유를 주는 것이 매우 중요하기 때문에 자유 응답형 질문을 사용할 경우에는 절대로 응답을 강요해서는 안 되며, 오히려 어떤 측면에서 보면 응답자를 '길들이는' 것이 필요하다. 한편 자유 응답형 질문은 응답자를 종종 침묵으로 이끌 수 있기 때문에, 어려운 질문부터 해서 응답자를 의기소침하게 만들어서는 안 된다.

응답자의 인구 통계학적인 사항을 묻는, 응답자의 프로파일에 관한 질문은 설문지의 제일 뒤에 두어 면접의 제일 마지막에 묻는 것이 일반적이다. 가계 수입 등은 민감한 사항이어서 응답을 거절당하기 쉽기 때문에 부정적인 반응이 나올 만한 것은 설문지의 후반부에서 묻는 것이 좋다. 그러나 응답자의 프로파일이나 인구 통계적 사항에 대한 질문에 전부 민감한 사항만 있는 것이 아니고, 설문지의 전반 부분의 질문 내용들이 응답자들이 느끼기에 심각한 사항들이 아닌 경우에는 응답자들은 그다지 부정적인 반응은 하지 않는다. 만일 개인의 사실이나 경험 등이 조사의 목적이라면 이러한 것들을 앞부분에서 질문할 수도 있다. 이때는 설문지가 시간적인 순서에 따라서 자연스럽게 물어나가는 연대기적인 접근법을 취한다면 좋을 것이다. 한편 연구자의 주관에 따라서 면접이 중단될 것을 고려해서 설문의 중간 부분에 민감한 질문을 위치시킬 수도 있다.

▶ 질문지 구성상 건너뛰는 질문 형태의 적합성

사전 조사에서 설문지 구성의 논리나 형식, 질문의 흐름도 중요한 고려 요인이다. 만일 질문의 흐름이 엉킨다면 면접원은 혼란에 빠질 것이고 이런 질문지로 조사를 하게 되면 수집한 자료에는 구멍이 생기게 될 것이다. 조사자는 질문의 흐름을 미리 면접원에게 주지시켜서 응답자의 반응을 관찰하도록 하여야 한다.

응답자나 면접원이 설문지 안에서 길을 잃지 않도록 하는 방법은 선이나 화살표, 박스형의 그림 등으로 설문지상의 도로 표지판을 그려주는 것인데, 이러한 것들을 굳이 선명하게 그릴 필요는 없다.

▶ 응답자의 전체적인 흥미와 주의

응답자들은 "스스로 작성하는 소위 자기기입식 질문지(self-report questionnaire)"를 꺼리는 경향이 있는데, 이는 누구와 함께 이야기를 나누며 질문을 진행하는 것이 질문을 쉽게 이해할 수 있고, 질문 조사 진행에 있어서 외부 영향을 감소시키는 효과가 있기 때문이다. 그래서 비용이 많이 들더라도 되도록이면 개인면접(personal interview)을 통해 사전 조사를 하는 것은 바로 이런 이유에서 비롯된 것이다.

면접자들은 응답자들이 조사에 흥미를 가지도록 노력해야 하는데, 면접의 중간에 "이제 조금만 더 하시면 된다" 등의 말로써 응답자들을 계속 지루하지 않게 이끌어 나가야 한다.

만일 면접자가 판단하기에 질문이 단순하고 너무 질질 끄는 느낌이 있는 경우 약간의 내용 변경이나 설문지상의 질문 진행 방향의 수정 등을 고려할 수 있다. 또한 면접자는 종종 응답자의 입장에서 어느 부분이 어렵고 느리게 진행되는가, 어디를 수정하면 응답자가 더 빠른 진행을 할 수 있겠는가를 항상 고려하여야 한다.

응답자에게 활력을 주기 위하여 단순하게 예/아니오로 대답하는 형태에서 5점이나 7점 척도를 사용하여 강도를 물어보는 것으로 변경하든지, 몇 개의 관련있는 질문으로 나누어 진행하는 것이 필요하다. 또 다른 방법으로는 진행 방향을 수정함으로써 응답자의 주의를 집중시킬 수 있도록 설문지를 구성하는 것이다. 이것은 면접원에게 응답자의 관심 부문을 체계적으로 관찰하게 하거나 응답자 스스로가 그들의 반응을 적도록 하여 설문지 구성을 수정하는 것이다.

또, 응답자에게 단지 조사 대상에 대한 태도나 정보에 관하여 배타적이고 집중적으로 질문할 것이 아니라, 응답자의 경험 등 그가 흥미 있어 할 만한 내용도 설문지에 포함시키는 문제도 고려할 수 있다.

▶ 응답자에 대한 여러 가지 고려점

현대는 조사의 영역이 개인적인 영역이나 민감한 부문인 결혼생활의 만족도, 이혼, 어린이의 죽음, 자살, 성 생활, 이성 간의 교제 등으로까지 넓어졌다.

다양한 주제에 대하여 설문 조사를 한다는 것은 면접자와 응답자와의 묵시적인 동의를 바탕으로 응답자를 "하나의 인간적인 대상으로 어떤 주제에 대해서 조명하는 것"을 말한다. 그러나 경우에 따라서는 질문에 대해서 응답자는 완전히 무방비 상태가 될 수도 있다. 그러므로 이미 언급한 대로 면접원의 행동이나 표정, 언어 등 조사 이외에 영향을 미치게 되는 요인에 대해서 면밀하게 고려하여야 하며, 그러한 것들이 어떠한 상황에서 유발될 수 있는지 파악하여야 한다.

사전 조사에서 고려하여야 할 여러 가지 면

그 이외에도 사전 조사를 실시할 때 권장할 만한 사항으로서는 ① 대부분의 질문은 폐쇄형인 것이 좋다. ② 응답자들은 목표 모집단과 유사하여야 한다. ③ 25~75명 정도의 사전 조사 응답자가 합리적이다. ④ 사전 조사 자체에 대한 토론이 필요하다는 것이다.

▶ 대부분의 질문은 폐쇄형이어야 한다

첫 번째 사전 조사에서 질문들은 개방형이 아닌 폐쇄형 질문의 형식을 띠는 것이 좋다. 왜냐하면 폐쇄형 질문 형식은 조사자가 연구의 목표로 하는 몇 개의 선택안에서 문제점을 쉽게 발견하게 해 주기 때문이다. 예를 들어,

"귀하의 현재 결혼 상태는 어느 것에 해당되십니까?"
① 결혼했다. ② 이혼했다.
③ 별거 중이다. ④ 결혼해 본 적이 없다.

라는 질문에 대해서 어떤 응답자가 첫 번째 결혼에 실패하여 이혼하고 다시 결혼한 경우라면 위의 선택안에서 어디에 해당되는 것인가? 물론 현재 법적으로는 결혼한 상태이지만, 응답자의 정확한 상태를 나타내어 줄 선택안은 없다. 따라서 연구자는 "기타"라는 잡동사니를 넣을 박스를 준비해 두어야 한다. 이런 폐쇄형 질문은 응답자가 어떤 기준으로 선택안을 골라서 대답하는가를 연구자가 참조하여 선택안을 수정, 보완할 수 있고, 또한 비용도 절약할 수 있어 사용한다.

▶ 응답자들은 목표 모집단과 유사하여야 한다

조사 대상 모집단으로 사전 조사를 하는 것이 가장 이상적이라고 할 수 있다. 그러나 비용이 너무 많이 드는 관계로 대신 목표 모집단과 모집단 성격이 다른 응답자들을 이용하게 된다. 이런 경우에 조사자들이 주의해야 할 점은 동료나 친지, 가족 등과 같이 그와 유사한 문화적인 집단으로 분류될 수 있는 집단은 그와 유사하거나 혹은 단편적인 지식만 표현해 줄 수 있기 때문에 피해야 한다는 점이다. 또한 전부 대학생만으로 집단을 구성한다든지 해서 한 계층만을 대표로 하게 만들어서도 곤란하다.

▶ 25~75명 정도의 사전조사 응답자가 합리적이다

보통 25~75명의 범위로 조사하는 것이 일반적인데, 이 숫자는 면접원의 경험과 재능에 따라서 달라질 수 있다. 만일 사전 조사 면접원들이 숙달된 전문가들이라면 응답자의 수를 25명 정도로 하는 것이 바람직하다.

한편 면접원들은 사전 조사 전 범위에 걸쳐서 설문지와 관련된 사항을 주의 깊게 관찰, 기록해야 한다. 즉, 설문지를 진행하는 데 있어서 응답자의 행동, 표정, 말하는 경향, 대답할 때 참고하는 것 등을 면밀하게 관찰해야 한다는 것이다. 면접원들은 조사자들에게 질문과 관련된 사항을 말하는 것을 절대로 주저해서는 안 된다.

▶ 사전 조사의 평가

사전 조사를 실시한 후에 그 결과를 질문지에 적용할 수 있도록 유용한 논의 과정이 있어야 한다. 그 논의에서 포함될 내용과 과정은 다음과 같다.

첫째, 질문지에 대해서 혹은 응답자의 행동 등에 대해서 많은 사실을 토론할수록 좋다. 이러한 과정이 몇 시간 동안 계속되더라도 모든 각도에서 고려하여야 완벽한 수정을 할 수 있을 것이다. 둘째, 서면 보고서를 이용하여 면접원들이 서면으로 면접 중에 발생된 사실들에 대해서 기록하여 보고하는 방법도 사용할 수 있다. 이런 경우는 자유토론할 시간적인 여유가 없을 경우에 사용할 수 있고,

혹은 위의 두 경우를 병행하여 사용할 수 있다.

한편 면접을 실시한 면접원들에게 다음 내용의 질문을 하여 검토해 나가면서 잊은 것이 없는지 확인해야 한다.

① 혹시 어떤 질문이 응답자를 불편하게 만들지 않았습니까?
② 반복해서 물은 질문은 없습니까?
③ 응답자가 잘못 해석한 부분은 없습니까?
④ 어느 질문이 가장 어렵고 읽는 데 당황스러웠습니까?
⑤ 혹시 면접 중에 지체되었던 부분이 있었습니까?
⑥ 응답자가 더 말하고 싶어 하는 부분이 있었습니까?

다른 면접원이 사전 조사하는 것을 관찰하는 현장 관찰은 매우 좋은 방법으로 알려져 있는데, 이것은 면접원들이 실제로 다른 사람이 면접을 하는 것을 보고 질문 상황과 질문이 어떻게 흐르는가 하는 것을 관찰하고 스스로 깨닫게 하는 방법이다. 이와 비슷한 방법으로 면접원 상호 간에 역할을 바꾸어 가면서 서로 질문과 대답을 해보는 것이 있는데, 이를 역할 연기법(role playing)이라고 한다. 이 경우에는 두 명이 같이 보고서를 작성해서 제출할 수 있으며, 각각의 경우보다는 더 큰 효과를 가져올 수 있다.

■ ■ ■ 참고문헌

Belson, W.R.(1981), *The Design and Understanding of Survey Questions*, Aldershot, England: Grower.

Frey, J.H.(1983), *Survey Research by Telephone*, Beverly Hills, CA: Sage.

Herzog, A.R., J.G. Bachman(1981), "Effects of Questionnaire Length on Response Quality," *Public Opinion Quarterly*, 45, 549–559.

Roper, Burns W.(1984), "Are Polls Accurate?," *Annals of the American Academy of Political and Social Acience*, 472, 24-34.

Sharp, L.M., J. Frankel(1983), "Respondent Burden; A Test of Some Common Assumptions," *Public Opinion Quarterly*, 47, 36–53.

3 자유 응답형 질문 (Open-Ended Questions)

많은 연구 · 조사자는 '어떤 유형의 질문을 이용하면 훨씬 더 유용한 정보를 얻을 수 있을까' 라는 문제에 대해 많은 흥미를 가지고 있을 것이다. 심지어 어떤 사람들은 모든 방면에 모두 이용 가능한 특정한 질문의 유형을 찾으려고 한다. 또 어떤 사람들은 '자유 응답형' 질문유형이 가장 유용하며, 응답자의 대답이 다른 요인에 의해 영향을 받지 않는다고 강하게 주장한다. 한편 다른 사람은 '양자 택일 방식' 이 일상생활에서의 의사 결정 방식과 유사하기 때문에 가장 유용하다고 주장하고, 또 다른 사람은 감정과 표현의 단계화와 그 선택의 다양성을 들어 '다지 선택형' 의 유용성을 주장하기도 한다.

자유응답형 질문은 과연 민감한(salient) 이슈들에 대한 조사에도 사용할 수 있을 것인가?

양자택일, 다지 선택형 등과 같은 고정된 질문유형들은 자유 응답형 질문에 비해서 질문하기도 용이할 뿐만 아니라 코딩, 그리고 분석도 비교적 쉽기 때문에 많이 사용되고 있다(Schuman & Presser 1981).

그러나 민감한 사안에 대해서는 자유 응답형으로 질문을 하여도 소비자들은 상당수 많은 대답을 하는 것을 알 수 있다(Geer, 1991).

연구 사례에 따르면 피 실험자들에게 George Bush 대통령에 대한 신문기사 형식의 민감한 사안과 민감하지 않은 사안의 자극물을 읽게 한 다음 자유 응답형 질문을 한 결과, 민감한 사안에 대해서는 응답자들의 언급횟수의 빈도가 다른 집단과의 응답률과 통계적으로 유의한 차이가 있음을 보여주었다. 이 사례에서 중요하다고 판단되는 사안에 대해서는 응답자들은 자유로운 의견을 개진하는 현상을 알 수 있으며, 자유 응답형 질문도 민감한 사안에 대한 조사 시 유용한 질문 방식이 됨을 알 수 있다.

〈표 1〉 다양한 이슈들에 대한 자유 응답형 질문 결과

	민간한 정보에 대해서 노출된 경우	민감하지 않은 정보에 대해서 노출된 경우	다른 정보에 대해서 노출된 경우	F 비율	P 값
민간한 정보:					
경제적인 사안	0.34	0.26	0.19	1.08	0.34
마약정책	0.46	0.09	0.41	6.97	0.00
국방비	0.57	0.23	0.11	14.32	0.00
교육정책	0.54	0.09	0.14	11.52	0.00
사회보장지출	0.31	0.11	0.05	5.20	0.01
민감하지 않은 정보:					
농업정책	0	0.09	0	3.39	0.04
FBI	0	0	0	…	…
감옥건설	0	0	0	…	…
UN	0	0.03	0	1.06	0.35
제3세계 정책	0	0	0	…	…
응답자별 언급빈도	4.42	3.65	4.27	1.83	0.17
표본수	34	33	37	…	…

(표 안의 수는 각 세 집단을 기준으로 한 언급된 평균횟수 비율임)

조사 주제에 대한 몰입

우리는 보통 일반적인 대화에서 이야기 주제를 꺼낼 때 "이러이러한 것에 대해서 어떻게 생각하십니까?"라고 묻게 된다.

이것이 바로 자유 응답형 혹은 개방형 질문의 좋은 예다. 이러한 유형의 질문은 응답자로 하여금 질문에 대해 약간의 놀라움을 불러 일으켜, 마음가짐을 가다듬게 한다.

더 나아가서 자유 응답형 혹은 개방형 질문은 "여기서 말하는 이런 것에 대해서 당신이 생각하는 것은 어떤 것인가 하는 것입니다"라는 형식이므로, 응답자가 대답하기 전에 응답자의 용기를 좀 더 북돋우어 주는 역할을 하기도 한다.

바로 이런 유형의 질문이 자유 응답형 질문에 해당된다. 이러한 질문을 자유 응답형이라고 하는 이유는 말 그대로 응답자 자신의 생각을 마음대로 제안할 수 있기 때문이다. 여기서 응답자는 미리 만들어진 몇 개의 의견 중에 하나를 따르도록 강요받지 않는다. 그렇기 때문에 대답은 자유롭고, 개방되어 있으며, 제한이 없다. 또한 자유 응답형은 선택안이 없기 때문에 응답자가 평소에 쓰는 단어를 쓸 수 있게 된다. 이 때문에 면접원들이 응답자들이 쓰는 단어를 대답으로 기입할 때는 정확한 단어로의 수정이 필요하다. 따라서 자유 응답형 질문의 형태는 단순하지만, 질문에 대한 응답자들의 대답 유형을 분류하는 것은 쉽지 않다.

자유 응답형 질문에 대한 응답자들의 대답은 상당히 폭넓은 결과를 가져오며, 어떤 경우에는 전혀 기대하지 않은 대답도 나타난다. 예를 들면 "이 주소에 사는 당신의 가족은 몇 명입니까?"라는 질문에 무응답도 있는 반면에, 응답자마다 자신의 상황에 따라 각기 다른 대답을 할 것이다.

주제 소개형 질문

질문의 범위가 일반적인 것부터 시작하여 특별한 것으로 옮겨가야 한다는 것이 일반적으로 사용되는 설문지 작성에서의 관행이다. 따라서 주제 소개형 질문들은 대부분 자유 응답형 질문을 택하고 있다.

이러한 질문들은 설문 주제 도입을 이끌어 주기만 할 뿐, 대답의 방향을 나타내지도 구체화하지도 않으며, 설문지상에서 자세하게 질문할 방향을 지시하지도 않는다. 한편 설문지상에도 토론의 주제가 이것 저것으로 옮겨가 여러 개의 도입 질문이 나타날 수 있다. 이러한 종류의 예를 들어보면 다음과 같다.

소비자 시장조사의 경우

"이 제품을 보고, 냄새 맡아본 느낌은 어떻습니까?"
"포도당이라는 단어를 들으면 가장 먼저 생각나는 것은 무엇입니까?"
"좋은 손목시계는 어떤 것이라고 생각합니까?"
"칫솔을 구입할 때 가장 먼저 고려하는 점은 무엇입니까?"
"구두를 살 때 가장 먼저 고려하는 점은 무엇입니까?"
"만일 당신이 오늘 근무하는 회사의 사장과 30분간 이야기할 기회가 생긴다면, 가장 하고 싶은 말은 무엇입니까?"
"만일 당신의 친구가 '증권거래소가 무엇하는 곳이지?' 라고 묻는다면 당신은 무엇이라고 대답하시겠습니까?"
"당신이 가장 좋아하는 라디오 프로그램은 무엇입니까?"
"토탈패션 하면 가장 먼저 떠오르는 단어는 무엇입니까?"

제안을 위한 질문

응답자들의 제안을 이끌어 내기 위한 질문은 자유 응답형 질문이지만 단순한 주제 소개형 질문보다 대답의 범위가 매우 광범위하다. 제안의 범위는 단지 응답자의 조사 주제에 대한 경험과 응답자의 재능, 표현 능력 정도만 영향을 미칠 뿐, 그 외에는 자유롭게 제안할 수 있다. 따라서 반응률도 높아서 제안형 질문에 대해 90% 이상의 응답자들이 제안을 하는 것을 볼 수 있다.

물론 응답자들이 제안한 것들 중에 많은 것들은 쓸모 없는 것들이지만, 그중에서도 매우 유용한 제안을 발견할 수 있다. 이러한 질문의 예는 다음과 같다.

"회사가 보다 나은 대외 공공관계(public relation)를 위해서 무엇을 해야 한다고 생각하십니까?"
"이 공장의 개선을 위해서 무엇을 해야 한다고 생각하십니까?"
"이와 같은 조사에서 꼭 보고되어야 한다고 생각하는 것은 무엇입니까?"
"이런 조사가 다시 행해진다면, 추가해야 된다고 생각되는 질문은 어떤 것입니까?"

보충형 질문

가끔은 응답자가 설문지상의 질문을 잘 이해할 수 있도록 하기 위한 조사자의 추가적인 노력이 필요하다. 아래의 예에서 보는 바와 같이 보충형 질문은 자유 응답형 질문이나 선택형 질문의 이해를 돕기 위해서 보조적으로 이용됨을 알 수 있다.

"당신이 어떻게 그같이 생각하셨는지 말씀해 주실 수 있습니까?"
"그것에 관해서 아시는 것을 말씀해 주시겠습니까?"
"그것의 예를 하나 들어주실 수 있습니까?"
"그것에 관해서 나쁘다고 듣거나 읽은 것은 무엇입니까?"
"어떤 경로에 의해서 당신이 그 제품을 구매하는 데 있어서 영향을 받은 것 같습니까?"

이유를 묻는 질문

이유를 묻는 질문은 자유 응답형 질문 중에 가장 흔한 질문일 것이다. 이것은 보통 선택형 질문 뒤에 쓰이며, 가장 간단한 형태가 "왜 그렇습니까?"이다. 이러한 질문은 모두에게 다 행해지는 것이 아니라, 앞서의 선택형 질문에 대답한 사람에 한하여 이루어진다. 예를 들어 만일 응답자가 앞의 선택형 질문에 대답하기를 회피한다면 그에게 "왜 당신은 그것을 선택하셨습니까?"라는 질문은 무의미할 것이다. 이것은 흔히 선택형 질문 중에 어느 한 가지 선택안을 고른 응답자에 대한 질문이다. 즉 여러 응답자 중에 일부 응답자에게만 질문을 하기 때문에 "배타적인 질문(exclusive question)"이라고 할 수 있다. 면접을 할 때 "왜 그렇게 생각하십니까?"라는 질문을 계속해서 한다면, 응답자는 지루하게 되고, 면접자가 건방지다고 느낄 수도 있으며, 대답을 하는 데 있어서도 부담감을 가질 것이다. 그래서 응답자들이 이러한 느낌을 갖지 않도록 하기 위해서 다양한 형태로 이유를 묻는 질문이 개발되어 왔다. 하지만 그 같은 질문들은 별 차이 없이 비슷한 형태를 띠고 있다. 그럼에도 불구하고 이유를 묻는 질문은 응답자의 사고 정도의 차이를 도출해 낼 수 있다는 장점을 가지고 있다.

이런 유형의 질문의 예를 들어보면 다음과 같다.

"왜 그렇게 특별하게 생각하십니까?"
"왜 그렇게 말씀하십니까?"
"왜 그렇게 느끼십니까?"
"왜 그것이 그렇다고 생각하십니까?"
"왜 그것을 선택하셨습니까?"
"왜 그것의 이름을 지명하셨습니까?"
"왜 다른 것 대신 그것을 선택하셨습니까?"
"무슨 이유 때문에 그렇게 말씀하십니까?"
"무엇이 그 회사에 대한 이미지를 좋게 만든다고 생각하십니까?"
"무엇이 당신의 마음을 그렇게 바꾸도록 만들었습니까?"

Lazarsfeld(1935)는 "왜"라는 단어가 응답자가 처한 어떤 한 상황 속에서 여러 측면에 대해서 사용될 수 있음을 지적하고 있다. 예를 들어 응답자에게 "왜 그 제품을 샀는가?" 하는 질문을 하였을 때, 응답자는 제품의 특성을 그 이유로 대답할 수 있으며, 혹은 "그 제품이 진열 선반에 있어서"라고 대답할 수도 있고 그가 여행하려는데 그와 같은 제품이 필요해서 구입했다고 할 수도 있을 것이다.

이와 같이 조사자들이 "왜"라는 질문을 이용할 때는 먼저 그의 마음속에 이 질문을 하여 자신이 원하는 결과에 도달할 수 있는지를 선명하게 파악하는 것이 중요하다.

논쟁적 형태의 질문

논쟁적 형태의 자유 응답형 질문은 이유를 묻는 질문 형태와 매우 비슷하다. 한 가지 차이점은 논쟁형 질문에서는 응답자의 의견이 어느 편에 있든지 상관하지 않고 응답자의 의견을 구한다는 것이다. 즉 어느 특정 입장에 있는 응답자의 의견만을 조사하기보다는, 응답자의 광범위한 의견을 모두 물어 본다는 데 그 차이가 있다.

이러한 형태의 질문은 주어진 같은 주제에 대해 긍정적인 응답자의 부정적인 의견과 부정적인 응답자의 긍정적인 의견을 다 관찰할 수 있기 때문에 효율적인 방법이다. 왜냐하면 동일한 질문이라고 하더라도 응답자에 따라서 받아들이는 관점이 다를 수 있기 때문이다. 이 질문에서 중요한 점은 조사자들이 이런 유형의 질문을 응답자에게 할 때 중립적이고 자유로운 위치에서 물어보아야 한다는 점이다.

논쟁형의 질문은 보통 한 쌍으로 구성되고, 조사자들은 이유를 묻는 형식을 띠며 응답자에게 그들의 개인적인 의견보다는 사람들의 의견을 묻는 방식이 이용된다.

논쟁형 질문의 예를 들면 다음과 같다.

"현재 북한을 지원하는 데 대해서 찬성하는 사람들의 의견 중 하나를 말씀해 주실 수 있습니까?"
"현재 북한을 지원하는 데 대해서 반대하는 사람들의 의견 중 하나를 말씀해 주실 수 있습니까?"

"대리점의 운영권을 가지면 어떤 이익을 얻을 수 있다고 생각하십니까?"
"대리점의 운영권을 가지면 어떤 손해가 있다고 생각하십니까?"

"당신 직업의 가장 좋은 점은 무엇이라고 생각하십니까?"
"당신 직업의 가장 좋지 않은 점은 무엇이라고 생각하십니까?"

지식과 기억 테스트

자유 응답형 질문은 앞에서 언급한 설문지상에서 당연하게 받아들여지는 가정을 제거할 수 있는 수단으로서 사용되기도 한다. 즉 자유 응답형 질문을 사용하게 되면 응답자들을 '조사 대상에 대해서 지식을 가지고 있는 집단'과 '지식을 가지고 있지 않은 집단'으로 구분이 가능하기 때문이다. 응답자의 기억을 회상하는 데 도움을 주지 않는 '비보조 회상 질문(unaided recall question)' 형식은 브랜드 인지도의 측정 등 다른 목적을 위해서 이용되기도 한다.

조사 대상자의 지식 여부를 구분하는 케이스를 다음과 같은 예를 들어서 살펴보도록 하자. 어떤 조사에서 라디오 청취자들이 특정 프로그램을 알고 있는가를 확인하기 위해서 조사자들은 "이 프로그램들 중에서 당신이 특별히 좋아하는 프로그램 형식은 무엇입니까?"라고 질문을 하였다고 하자.

만일 응답자가 "코미디를 가장 좋아한다"라고 대답했는데 만일 그 프로그램들 중에서 코미디가 없으면 그 응답자를 제외시키게 된다. 이같이 걸러진 대답은 응답자가 정확하게 그 프로그램을 알고 있을 뿐만 아니라, 그 프로그램에서 가장 좋아하는 특성까지 조사할 수 있기 때문에 매우 유용하다.

명백한 형태부터 자세한 형태까지의 자유 응답형 질문을 통한 응답자 지식에 대한 시험으로 응답자들은 그가 대답 과정에서 의견을 말하고 있다는 인식 이외에는 아무 것도 느끼지 못하게 된다. 이러한 질문의 형태를 통해서 응답자들의 조사 주제에 대한 지식 보유 여부와 그들이 가지고 있는 지식의 상대적인 정도를 분류할 수 있다.

지식과 기억 테스트의 질문을 보면 다음과 같다.

"이 프로그램의 특징적인 스타는 누구입니까?"
"이 회사가 만드는 제품의 브랜드들은 어떤 것이 있는지 아십니까?"
"당신은 혹시 이 저축 구좌에서 은행이 지급하는 이자율은 얼마인지 아십니까?"
"은행에서 제공하는 서비스 중 몇 개를 말씀해 보실 수 있습니까?"
"이 주제에 대해 보시거나 읽으신 것을 말씀해 주실 수 있습니까?"
"그 광고가 나타내려고 하는 것은 무엇입니까?"

정보의 원천

일반적으로 응답자들이 대답한 지식과 의견을 어디에서 입수하였는지를 질문하는, 정보 원천 질문은 흔하지는 않다. 아마 그것은 그런 질문이 유용하지 않거나, 그다지 생산적이지 못하며, 응답자들이 정보의 근원을 다 기억한다고 기대할 수 없기 때문일 것이다. 응답자들에게 일상적으로 잘 알고 있으면서, 흔히 사용하는 단어들에 대해서 그것들의 정보 원천을 질문하게 되면, 일상적으로 접하는 매체나 사람들을 대답하게 된다. 따라서 매우 조심스럽게 질문하지 않으면 상투적인 대답을 하게 된다.

정보의 원천을 묻는 질문의 예는 다음과 같다.

> "어디서 이것을 처음 알았는지 기억할 수 있습니까?"
> "당신은 어디서 그 정보를 얻었습니까?"
> "당신은 어디서 그것에 대해서 듣거나 읽었습니까?"

정보에 관한 질문

자유 응답형 질문의 또 다른 종류 중의 하나는 의견을 묻기보다는 '정보의 사실성' 을 묻는 것이다. 경우에 따라서는 이러한 사실성을 묻는 질문이 의견을 묻는 질문보다 응답이 더 다양할 수 있다.

대표적인 예로 어느 조사에서도 빠지지 않는 직업군의 분류를 들 수 있다. 2000년을 기준으로 한 한국 표준 직업 분류에서 직업의 종류는 대분류 11가지,

중분류 47가지, 소분류 161가지, 세분류 442가지 등으로 매우 복잡하다. 이런 종류의 질문은 자유 응답형 질문이라기보다 각각 응답자에게 주어지는 사실적인 대답을 요구하는 질문에 불과하다고 생각할 수 있다. 물론 응답자가 단순한 사실을 대답하면 간단하겠지만, 직업의 경우는 한 응답자라도 여러 가지 직업을 가지고 있을 수 있다. 예를 들면 그가 실제로 하는 일, 지금 그가 하고 있다고 주장하는 일 등 경우에 따라서 여러 가지가 있을 수 있다.

따라서 이런 종류의 정보에 대한 질문은 응답자에게 특별한 선택안을 제안하지 않으므로 자유 응답형 질문이라고 할 수 있다.

이 같은 사실적인 정보를 묻는 질문의 예를 보면 다음과 같다.

"이 여행의 주요 목적은 무엇입니까?"
"이 여행의 목적지는 어디입니까?"
"가장 최근에 구입한 살균 소독제의 이름은 무엇입니까?"
"이것을 사용하는 주요한 한 가지의 이유는 무엇입니까?"
"실례지만 당신의 이름과 주소를 말씀해 주시지 않겠습니까?"
"당신이 하시는 일의 종류는 무엇입니까?"
"당신의 직업의 명칭은 무엇입니까?"
"주말에 하시는 주요한 일은 무엇입니까?"

탐색형 질문

가끔씩 조사자는 자유 응답형 질문으로 나타난 결과만으로 만족하지 못하는 경우가 있다. 왜냐하면 조사자는 응답자가 생각하고 있는 것을 즉각적인 대답으로 얻지 못한다 해도 다 알고 싶은 경우가 있기 때문이다.

그런 경우에는 면접원들에게 응답자를 대상으로 탐색적인 질문을 지시하는 것이 가장 좋은 방법이다. 여기서 가장 중요하게 요구되는 것은 자유 응답형 질문의 요건이 그렇듯 질문이나 질문하는 과정이 결코 응답에 영향을 주어서는 안된다는 것이다.

여러 종류의 질문의 예를 들면 다음과 같다.

"또 다른 것은 없습니까?"
"그 이외에는 없습니까?"
"당신이 생각하는 어떤 것이라도 말씀해 주십시오."

이와는 다르게 조사자는 응답자에게 탐색하려는 방향을 지시해 줄 수 있다.

"당신의 의견으로는 버스회사들이 어떻게 서비스를 개선해야 한다고 생각하십니까?"
"당신에게 좀 더 편한 서비스를 제공할 수 있는 방법은 무엇이라고 생각하십니까?"
(만일 노선 문제를 언급하지 않으면) "버스 노선에 있어서 이렇게 되었으면 하고 생각하신 것은 없습니까?"

사전 코딩 작업

어떤 자유 응답형 질문에 있어서는 미리 대답을 예상하여 응답을 논리적으로 집단화하는 것이 가능하다. 조사자들은 응답자들의 나이별 분석을 자세히 구분할 필요가 없을 때는 21~29세, 30~44세, 45세 이상의 3개의 집단으로 구분할 수 있다.

이런 경우 응답자의 정확한 나이를 쓰는 대신에, 면접원들은 3가지의 나이란에 V표를 하면 된다. 결과적으로 이 같은 코딩 작업을 하여야 하는 부담은 사무실에서부터 면접자, 혹은 면접원이 없는 설문지인 경우는 응답자 자신으로 옮겨간 것이 된다. 그리고 어느 경우에는 이렇게 V자 표시를 하는 것이 응답자로서는 더 간편할 수도 있을 것이다.

이같이 사전 코딩된 자유 응답형 질문은 자유 응답형 질문과 기본적인 형태는 다르지 않지만, 이미 설명한 여러 가지 질문 형태와는 기호화를 이용한다는 점에서 차이가 있다.

왜 코딩 작업을 하게 되는 것일까? 그것은 어느 질문의 형태든 면접원이나 현장에서 할 수 있는 것을 사무실 작업으로 남겨두는 것이 매우 비능률적이기 때문이다. 조사한 결과를 보면서 일일이 어휘 등을 코딩하는 것보다 쉽기 때문에 모든 자유 응답형 질문은 사전 코딩을 할 수 있는가 하는 것이 검토되어야 한다.

조사 현장에서 코딩 작업을 하는 과정 속에서 면접원의 오류가 개입되는 경향이 많다고 많은 사람들이 주장한다. 연구 결과 현장에서 이러한 분류를 실시한 조사의 대부분의 경우, 조사 결과에 영향을 줄 만큼 심각한 영향을 끼치지 못하는 것으로 나타나고 있다.

다른 한편으로 사전 코딩을 주장하는 논점은 조사의 효율성과 일의 처리 속도이다. 즉 멀리 떨어진 사무실에서 몇 시간 뒤에 코딩 처리를 하는 것보다 제일 먼저 응답자를 접하는 면접원들이 그들의 의도를 더욱 잘 파악할 수 있기 때문이다. 때로 설문지상에는 비일관적인 진술로 나타나 있는데, 면접원에게 물어보면 완전히 논리적인 진술로 바뀌는 경우를 볼 수 있다.

이런 비일관성은 조사의 전체적인 방향을 완전히 돌려 놓을 수 있다. 코딩의 방법 중 또 다른 방법으로는 절충적인 방식이 있다. 이것은 면접원이 현장에서 설문지상에 응답자들이 대답한 단어와 코딩 기입란에 코딩과 단어를 둘 다 적어 사무실로 가져와서 확인하는 것이다. 이 방법은 면접원의 의견을 고려할 수 있다는 장점이 있다.

앞의 몇 가지 예들 중에서 코딩을 할 수 있는 것도 있다. 특히 코딩은 대답이 숫자로 나타날 것으로 예상되는 경우에 적절하게 이용될 수 있다. 이 같은 예를 보면 다음과 같다.

"당신을 포함해서 몇 명의 가족이 이곳에 살고 있습니까?"
"이들 중 18살 미만의 사람들은 몇 명이나 됩니까?"
"당신이 경작하는 땅은 몇 평이나 됩니까?"
"음식의 주문부터 완전히 식사를 끝마치기까지의 시간이 얼마나 걸렸습니까?"
"그 제품의 가격은 얼마가 되면 적정하다고 생각하십니까?"

사전 코딩의 또 다른 장점은 조사자가 의도하는 단위나 측정하려는 단위를 면접원에게 제시할 수 있다는 것이다. 예를 들면 다음과 같은데, 질문에서 괄호의 내용은 응답자들에게는 보여주지 않는다.

"지난주에 어떤 일이 있었습니까?"
( ) 고등학교 졸업식　( ) 대학교 졸업식　( ) 생일
( ) 크리스마스　( ) 결혼식
( ) 다른 일 ___________(적으시오)
( ) 특별한 일 없었음　( ) 모르겠음

"지난달 보통 당신은 어디에서 점심을 드셨습니까?"
( ) 집에서 –하숙집에서 먹은 것 제외　( ) 하숙집에서
( ) 직장 밖의 식당　( ) 직장 구내 식당
( ) 직장 구내 식당과 직장 밖의 식당
( ) 다른 곳 ___________(적으시오)

"왜 당신은 지금 식사하고 계시는 식당에 불만을 느끼고 계십니까?"
( ) 너무 붐빈다　( ) 서비스가 너무 늦다
( ) 가격이 너무 비싸다　( ) 음식의 질이 나쁘다
( ) 다른 이유 ___________(적으시오)

이러한 사전 코딩을 이용하는 데 마지막으로 주의해야 할 것은 선택안들이 가능한 한 예상되는 대답을 표시할 수 있도록 준비되어야 한다는 것이다.

예로 든 앞의 두 개의 질문은 이러한 조건을 만족시키고 있지만, 마지막 질문

은 논란의 소지가 있다. 만일 응답자가 "음식의 질에 비해서 값이 비싸다"라고 대답한다면 면접원들은 혼란에 빠질 것이다. 이런 경우 면접원들은 "음식의 질이 나쁘다"에 적어야 할지 "가격이 비싸다"에 표시를 해야 할지 고민할 것이다. 결국 이러한 특별한 대답은 두 부분으로 구분되어야 하는데, 이것은 응답자가 처음 대답한 것과 같은 의미를 정확하게 나타내지 못할 것이다. 응답자들은 "음식 값도 비싸고, 음식의 질도 형편 없다"라고 대답하지 않았고, 또한 가격이나 질에 대해 반대만 하는 것이 아니라 "가격만 적당하면 음식의 질은 괜찮다"는 의미로도 해석할 수 있다. 따라서 이런 경우는 어휘로써 대답을 적을 수 있도록 하거나 더 많은 선택안들이 준비되어야 할 것이다.

자유 응답형 질문의 장점

자유 응답형 질문은 앞에서 언급한 것과 같이 여러 측면에서 장점이 있다. 이를테면 자유 응답형 질문은 대답하는 데 있어서 응답자가 외부적인 영향을 받지 않기 때문에 다양한 대답을 도출할 수 있다.

또한 자유 응답형 질문은 조사 주제를 소개하는 문장으로도 좋은 역할을 할 수 있으며, 후속적인 질문을 하는 데 응답자의 주의를 집중시키는 역할도 하게 된다. 한편 이 방법의 질문에 의해서 조사된 결과는 조사 보고서의 권유적 제안으로도 이용될 수 있으며, 응답자의 주제에 대한 세밀한 평가를 얻을 수 있다. 또한 조사 주제에 대해 찬 · 반 의견을 평가할 수 있으며, 응답자들이 가지고 있는 주제에 대한 지식과 기억을 탐색할 수 있어서 이에 따라 응답자를 분류할 수 있다.

이 질문 방식은 이렇게 명백한 장점뿐만 아니라, 조사자들이 간과해서 안 되는 다른 속성을 가지고 있다. 이것들 중의 하나는 다른 제한적인 질문에서는 응답자에게 허용하지 않았던 진솔한 의견 개진의 기회가 된다는 것이다.

따라서 조사자들은 응답자에게 의견을 질문할 때 응답자의 대답이 조사의 목적에서 보면 별로 중요한 것이 아니더라도, 주제에 대해서 그가 제일 먼저 떠오르는 생각을 이야기할 수 있도록 응답자에게 공손한 태도를 유지하며 상황을 이끌어 나가야 한다.

한편 자유 응답형 질문은 다른 형태의 질문으로 옮겨가기 전에 예비적인 도움을 주는 효과가 있다. 예를 들면 조사자가 "국제적인 무역 장벽"에 관해서 연구한다고 하자. 사람들에게 "당신은 자유 무역이 무엇이라고 생각하십니까?"라고 물어 보면 매우 많은 대답이 나올 것이다.

아마도 이 질문에 대한 결과는 97%는 서로 다른 대답을 하고, 3%의 응답자들은 면접원을 멀뚱멀뚱 쳐다보는 결과를 얻게 될 것이다. 조사자는 이 대답에서 몇 가지의 사실을 얻을 수 있다. 그것은 대략 몇 %의 사람이 그 뜻을 모르는가 하는 것을 파악할 수 있는 것이다.

이 같은 응답들은 조사 대상이 되는 단어가 불러 일으키는 가장 공통적인, 즉 참조할 수 있는 틀을 제공해 준다. 따라서 자유 응답형 접근방법은 어떤 조사 주제에 대해 설문지상의 질문을 준비하는 예비적 단계에서 조사 방향에 대한 대략적인 윤곽을 나타내 줄 수 있다.

이 방법은 응답자들에게 많은 부담감을 주어서 가장 저항감을 느끼게 하는 방법이지만, 응답자들이 생각하는 바를 가장 공통적으로 이해할 수 있는 방법이기도 하다. 따라서 조사자가 연구하려는 특별한 면에 대해서 대중들은 얼마나 친숙한가 하는 사실들을 알아낼 수 있다.

또한 제한된 자유 응답형 또는 이와는 형태가 전혀 다른 여러 가지 종류의 후속 질문에 대해서도 조사에 필요한 주의의 집중이나 지식의 제공 등 필요한 조건들을 이 유형의 질문을 통해서 제공해 줄 수 있다. 이런 기능 이외에도 자유 응답형 질문은 조사의 최종 보고서를 쓸 때 재치 있고 믿을 만한 인용구를 제공해 줄 수 있다.

자유 응답형 질문의 단점

이렇게 많은 장점에도 불구하고 왜 조사자들은 다른 유형의 질문 방식을 택하는가? 이러한 장점들 중에 단점이 될 수 있는 것은 무엇인가? 자유 응답형 질문은 장점만큼이나 단점이 많다.

첫째, 기록된 대답과 면접원들의 질문 방식이 면접원들 간에 서로 통일성을 가지기가 힘들다는 것이다. 매우 숙련된 면접원들이 되어야만 좀 더 많은 정보를 기록할 수 있고, 응답자의 흥미를 끌면서 그들이 대답하는 모든 어휘를 다 기록할 수 있다. 이에 비해 덜 숙련된 면접원들은 정보를 적게 얻고, 응답자들이 대답한 것을 빠뜨리고 기록하기 쉬우며, 응답자의 흥미를 감소시킨다.

면접원에 따라서는 속기 형식으로 적어서 대화의 속도를 따라갈 수도 있지만, 반대로 따라가지 못해서 적지 못하는 경우도 있다. 면접원들은 응답자에게 질문을 해 놓고 대기하게 만들던가 아니면 떠오르던 생각이 사라진 뒤에 물어볼 수도 있다. 또한 어떤 무뚝뚝한 응답자는 면접에 불쑥 참가하여 면접원의 설명만 듣고 "아! 나는 잘모르겠습니다"라고 이야기하고 가버릴지 모른다. 혹은 면접원들이 바쁘게 대답을 적다 보면 초점을 벗어난 것을 충실히 받아 적거나, 질문을 명확히 전달하기 위한 반복적인 질문을 하지 않을 수도 있다.

둘째, 설문지상의 자유 응답형 질문의 응답란 크기가 대답의 길이에 영향을 주게 되는데, 응답란의 크기가 작으면 짧은 대답을 유도하고, 크면 긴 대답을 적게 된다. 따라서 원칙적으로 자유 응답형 질문은 질문 자체에서 제약으로 느껴지는 것이 없어야 하지만 사실 면접원들에 의해 대답의 양과 질에 영향을 많이 받는다.

어떤 의미에서 보면 자유 응답형은 대답에 영향을 받지 않는 질문이지만 또 다른 관점에서 보면 어느 다른 질문의 형태보다 영향을 가장 쉽게 받는 형식이다. 물론 응답자들은 수다스러운 사람부터 과묵한 사람과 말을 제대로 하지 않는 사람들까지 다양하다. 수다스러운 사람들은 자유 응답형 질문에 그 자신을 충분히 표현하지만, 과묵한 사람들은 그들의 감정을 잘 표현하지 않으려고 한다. 또한 어떤 사람들은 "잘 모른다"라고 대답을 하는데 이는 자유 응답형 질문에서 흔히 나타나는 결과이다. 왜냐하면 선택안이 있는 질문들은 처음부터 응답자들에게 필요한 말만 요구하게 되기 때문이다.

자유 응답형 질문의 다른 문제점은 많은 응답자들이 가장 적절한 관찰 결과를 단지 대답하기에 너무 간단하다는 이유만으로 무시해버린다는 것이다. 예를 들면 조사자가 "왜 당신은 40,000원 짜리 엔진 오일을 사지 않고 30,000원 짜리를 구입하십니까?"라는 질문을 하면 많은 응답자들은 "돈을 절약하기 위해서"라고 대답하기를 꺼려한다. 단지 40%의 응답자만이 "싸기 때문"이라고 대답한다. 어떤 응답자들은 보충형 질문이나 이유를 묻는 질문에 그들이 이전에 대답한 것을 강조해서 대답하는 경우도 있다.

응답자들은 "나는 그냥 그렇게 생각해요", "왜냐하면 그렇기 때문이죠"라고 대답할 수 있다. 혹은 "왜 그 기초 산업을 특별히 선택하셨습니까?"라고 물으면 "왜냐하면 기초적이니까요"라고 대답할 수도 있다. 이러한 모든 상황은 특히 의견 조사에 있어서 면접원들에게 문제를 발생시킨다. 모든 응답자들을 같은 선상에 두려는 면접원들의 의도는 응답자들이 대답을 하는 데 있어서 어떤 경우에는 제약으로 작용할 수 있다. 즉 어떤 응답자에게는 좀 더 설명을 해주어야 하거나 설문을 약간 바꾸어서 쉽게 물어야 하는 경우가 발생한다.

그러나 실제로 대부분의 조사 기관은 면접원들의 질문을 개선하려는 노력을 선호하지 않는다. 면접원이 질문을 설명해 주는 것을 원하지 않으며, 정확한 단어의 전달을 위해서 반복적으로 질문을 하는 것을 제외하고는 어떠한 도움을 주는 것도 원하지 않는다. 다른 말로 표현하면 설문지상의 질문대로 표현하고, 응답자의 대답대로 받아들이라고 강조한다.

한편 자유롭게 응답하도록 하는 조사 방식은 조사를 실시한 뒤 분류를 할 때, 많은 어려움이 발생한다. 아무리 응답을 읽을 시간이 많은 사람이라고 하더라도 수천 개의 대답을 분류하고 일상적으로 사용하는 단어가 아닌 경우를 포함하여,

대답을 다 기억해서 구분한다는 것은 매우 혼란스러운 일이다. 따라서 응답자들이 대답한 것을 그룹으로 묶기 위해서는 다소간의 사전 기호화(Coding) 방법이 필요하다.

이렇게 자유 응답형 질문을 기호화하고 수량화하는 데는 또 다른 문제가 발생한다. 예를 들면 사람들은 같은 생각을 표현하는 데 다른 단어를 사용하는 경우가 많기 때문이다. 또한 어떤 사람은 그들의 의견을 진술할 때 다른 사람보다 명확하게 표현하지만, 어떤 사람은 전혀 그렇지 못한 경우도 많다. 따라서 조사자는 두 개의 응답을 전혀 별개가 아닌, 밀접하게 관련있는 대답으로 구분짓는 데 어려움을 느끼게 된다.

또 다른 문제점으로는 코딩을 위해 사전에 응답자들이 생각할 수 있는 모든 것을 최대한 준비해 두어야 한다는 것이다. 예를 들어 보면, 자유 응답형 질문을 이용하여 이동 통신 서비스를 조사하는 과정에서 신속성이라고 하면 응답자들은 "접속의 신속성"과 "A/S의 신속성" 중 어느 하나를 생각할 것으로 가정하였다. 그러나 만일 어떤 응답자는 "미납 요금을 내는 데 빠른 처리" 내지 "빠른 해지 처리"도 신속성으로 생각할 수 있을 것이다. 따라서 아무리 사전에 많은 준비를 한다고 해도 이 모두를 다 예상할 수 없기 때문에 어느 정도 문제점이 있을 수 있다는 점을 명심하여야 한다.

한편 코딩에 있어서 이와 비슷한 어려움은 종종 응답자가 동일한 질문에 대한 대답을 한 가지 단어로 표현하지만, 완전히 다른 의미인 경우에 흔히 발생한다. 예를 들면 "당신은 소 내장탕 중에 어느 것을 좋아하십니까?"라는 질문에 어떤 응답자들은 "그런 지저분한 것은 안 먹어요!!"라고 매우 강하게 부정적인 의견을 나타낼 수 있고, 다른 응답자들은 "아, 그것에 대해서 특별히 생각해 본 적이 없는데요"라는 대답을 할 수 있다.

여기서 두 가지의 다른 의견을 볼 수 있다. 하나는 대상 자체에 대한 반대이고, 하나는 단지 특정한 표현을 하지 않은 것이다. 조사자는 이런 것들을 구분하는 것이 바람직하다. 단지 이런 대답을 "아니오"라고만 기록한다면, 한 단어이지만 두 가지의 중요한 다른 의미를 가지고 있는 것을 구분할 수 없게 된다.

코딩 작업자들은 의도한 대답의 틀을 벗어난 응답 때문에 혼동을 일으킬 수 있다. 또한 응답자가 5가지의 대답을 했는데 그중에 하나의 기본적인 답을 원했을 때에도 이런 경우가 발생한다. 이런 경우 코딩 작업자는 제일 앞의 대답이 응답자에게 있어서 가장 중요한 대답이었다고 간주해야 하는가?

그러므로 코딩 작업자는 조사 주제에 대해서 완벽히 이해하지 않으면 안 된다. 그는 다양한 어휘를 이해할 수 있어야 하며, 일상적인 생활에서 쓰는 단어들을 정확하게 알아야 한다. 왜냐하면 설문지상의 질문은 정확하고 명확한 단어로 표시되었지만, 대답은 속어, 사투리, 비속어 등으로 기록될 수 있기 때문이다. 이러한 모든 것이 자유 응답형 질문에서 코딩 작업이 가장 힘든 이유이다.

자유 응답형 질문의 마지막 단점은 묵시적으로 고소득, 고학력자 집단에 비중을 많이 두게 된다는 점이다. 즉 고소득, 고학력자 집단은 자신들의 의견을 분명하게 표현할 수 있으며, 보다 많은 내용의 응답을 해주는 경향이 있다. 예를 들면 어떤 제품에 대해서 느낀 점을 표현할 때 그 제품이 약간 비싼 제품이라면 소득이 높은 소비자들이 많이 사용해 본 경험이 있을 것이고, 당연히 그런 집단의 응답자들이 그것에 관한 의견을 많이 나타내게 되는 것을 볼 수 있다.

이 장을 요약해 보면, 자유 응답형 질문은 모든 면에서 개방적이고, 그것의 장점들과 단점들은 그 개방적이라는 속성에서 비롯된다. 이와 같은 형식을 가진 질문의 결과는 구분하기 힘들어서 마치 너저분하게 쌓아놓은 구멍가게와 같다.

참고문헌

Geer, John G.(1991). "Do Open-Ended Questions Measure 'Salient' Issues?." *Public Opinion Quarterly*, 55, 360-370.

Lazarsfeld, Paul F.(1935), "The Art of Asking Why," *National Marketing Review*, Vol. 1, No. 1, pp.22-28.

4

양자 택일형 질문 (Dichotomous Questions)

자유 응답형 질문의 정반대 방향에 있는 것이 바로 양자 택일형의 질문 방식이다. 자유로운 대답을 허용하는 자유 응답형에 비해서 이 방식은 단지 두 개의 선택 가능한 대안들을 제시하는 형태이다. 이런 유형의 질문이 사용되는 이유는 광범위한 상황을 가장 간단한 단어로 축약시켜줌으로써 응답자들이 일상 생활에서 습관화되어 있는 의사 결정의 유형과 가장 유사하게 정보를 처리할 수 있는 방식이기 때문이다.

어떤 주제에 대한 복잡한 의사 결정은 양자 택일, 즉 두 개씩의 대안을 이용해서 계속 분리해 가면 쉽게 해결할 수 있다. 예를 들어 만약 가정 주부가 프라이팬 가게에 갔다고 가정해 보자. 그녀의 생각이 이 같은 방법으로 정확하게 이루어지는지는 모르지만, 앞에 언급한 양자 선택을 계속적으로 해가면 분명히 의사결정을 하는 데 도움이 될 것이다. 그와 같은 결정은 '주철 혹은 알루미늄?', '두꺼운 것 혹은 얇은 것?', '손잡이가 쇠 혹은 나무?', '뚜껑이 있는 것 혹은 없는 것?', '속이 깊은 것 혹은 얕은 것?', '속이 넓은 것 혹은 좁은 것?', '이 브랜드 혹은 저 브랜드?', '가격은 적당 혹은 부적당?', '이것을 살까 말까?', '현금 혹은 카드?', '배달 혹은 들고 갈 것인가?' 의 과정으로 내릴 수 있을 것이다.

그녀는 이 모든 것에 대한 결정을 해야 하는데, 조사자가 그녀에게 물어 본다면 그녀는 비록 동시에 여러 의사 결정을 할지 모르지만 개개의 질문에 대답할 수 있다. 이렇듯 설문에 대한 답을 기록하거나 도표화할 때 양자 택일 방식의 질문이 가장 간단한 방법이다.

그러면 양자 택일형 질문을 이용할 때 고려해야 할 점은 무엇인가?

선택안의 암시

양자 선택형 질문이라고 해서 선택안들이 항상 모두 표현되는 것은 아니다. 사람들은 보통 "가지 않겠니?"라는 질문 없이 "너 경기보러 가겠니?"라고 질문하게 된다. 우리는 보통 이러한 경우에 "가지 않겠니?"라는 부정적인 측면도 전제되었다고 가정한다.

이와 같이 간단한 예에서도 생략된 선택안에 대하여 응답자가 알고 있을 것이라는 가정이 요구된다. 만일 "귀하의 성(性)은?"이라는 질문을 한다면 남과 여의 두 가지 선택안을 다 언급하지 않아도 응답자들은 대답할 수 있다. 하지만 경우에 따라서는 잘못 이해될 수도 있고, 때때로 음란한 대답이 나올 수 있다. 그럼 이와 같이 선택안이 없는 질문이 어떤 영향을 미치는지 예를 들어보자.

"귀하께서는 병원에서 진료비를 지불하는 방법이 좀 더 쉽게 개선될 수 있다고 생각하십니까?"
"귀하께서는 병원에서 진료비를 지불하는 방법이 좀 더 쉽게 개선될 수 있다고 생각하십니까, 아니면 그렇지 않다고 생각하십니까?"

위의 두 형태의 질문을 조사한 결과, 첫 번째 질문에 대한 응답의 77%가 긍정적인 대답이었는데, 부정적인 선택안을 붙이게 되면 긍정적인 대답이 74%로 줄어드는 결과가 발생하였다. 표본 크기는 900개로 면접원들이 각 경우 조사를 실시하였고, 통계적으로 영향을 미칠 만한 것은 거의 없었다.

이와 같이 선택안들의 수나 부정적인 선택안이 결과에 영향을 미친다는 것을 입증할 수 있는 반복적인 조사가 요구된다. 다행스럽게도 이러한 속성을 가진 몇 가지 실험이 있는데, 그중에는 앞의 경우보다 더 결정적인 것이 있다. Cantril과 Rugg(1944)는 몇 개의 예를 제시했는데, 그중에서도 결정적인 것으로 Rugg의 조사 결과가 있다.

다음과 같은 두 가지의 질문은 정확히 같은 주제에 대해 질문하고 있다.

"귀하께서는 미국이 민주주의에 반대하는 공공 연설을 허용해야 한다고 생각하십니까?"
"귀하께서는 미국이 민주주의에 반대하는 공공 연설을 금지해야 한다고 생각하십니까?"

질문상 확실한 반대의 뜻을 가지는 단어는 허용과 금지이다. 이러한 질문에 대해 정상적이라면 완전히 정반대의 응답을 기대할 수 있다. 그러나 이 질문들의 결과로는 첫 번째 질문의 대답은 "허용해야 한다 21%", "허용하면 안 된다 62%", "의견 없음 17%"로 나타났고, 두 번째 질문의 대답은 "금지해서는 안 된다 39%", "금지해야 한다 46%", "의견 없음 15%"로 나타났다.

명백하게 금지해야 한다는 단어를 사용한 질문에 그렇다고 대답한 사람들도 있지만, 허용해서는 안 된다는 항에 지지율이 더 높다. 따라서 "귀하께서는 미국이 민주주의에 반대하는 공공 연설을 허용해야 한다고 생각하십니까, 금지해야 한다고 생각하십니까?"라는 질문을 한다면 더 흥미로운 결과가 나올 것이다. 어떤 경우든지 단지 하나의 선택안에 의해 암시적인 가정을 하는 위험을 피하기 위해서는 선택안을 모두 표시하는 것이 안전하다. 왜냐하면, 경우에 따라서는 이러한 위험성이 크지 않을 수도 있지만, 평소에 선택안의 한쪽 성향만을 가진 응답자가 제시된 선택안에 대해 다른 쪽으로 생각해 보지 않고 선택해 버리는 경우가 흔하기 때문이다.

동의하지도 않고 반대하지도 않는다.

두 가지 선택안을 다 표시해야만 하는 필요성을 살펴보기 위해 다음과 같은 예를 들어보기로 하자.

"귀하께서는 12시 통행 금지를 찬성합니까?"라는 질문에 "아니오"라고 대답한 응답자가 모두 통행 금지를 반대하는 사람이라고 간주한다면 그것은 잘못된 생각이다. 그들 중 일정 수의 응답자들은 진정으로 반대를 하기 때문에 이같이 대답할 수 있다. 하지만 나머지 다른 사람들은 그 자체를 반대하지 않거나, 중립적인 입장 등 여러 가지 입장에 있을 수 있다. 응답자의 "아니오"는 그들이 꼭 반대하는 입장의 편을 든다는 것이 아니라는 것이다.

그 질문은 "귀하께서는 12시 통행 금지를 찬성합니까, 반대합니까?"라고 하는 것이 더 나을 것이다. 이것은 의견에 대해 두 가지 선택안을 주며, 의사 결정을 망설이는 사람들에게 명확한 결정 기회를 주게 된다.

Blankenship(1943) 연구에서 역시 "요즘의 광고가 1~2년 전의 것에 비해서 덜 진실하다고 생각하십니까?"라는 질문에 "아니오"라고 대답한 응답자의 모두가 "요즘의 광고가 더 진실하다"는 것을 나타내는 것은 아니라고 지적하였다.

한편 질문 끝에 붙이는 "혹은 그렇지 않습니까?" 하는 것은 일반적으로 다른 선택안을 나타내는 방법으로 권장할 만한 방법이 아니다. 어떤 경우에는 문법적으로 적합할 수도 있지만, 두 번째 선택안으로 이용할 때 혼란을 일으키는 경우도 있기 때문이다. 그리고 응답자들이 "혹은 그렇지 않습니까?"라는 선택안을 설문 작성자의 의도대로 이해하지 못하는 경우가 발생할 수도 있다.

선택안의 추가

양자 택일의 질문 방식은 두 가지 선택안만을 제시함에도 불구하고 실제로 응답자들의 대답은 2개 이상이 나타날 수 있다. 이와 같이 2개 이상의 대답을 하려는 응답자가 있는 반면, 어떤 응답자들은 "모른다"라고 대답하면서, 응답을 기피하는 경우가 있다. 어떤 조사에서는 대답을 회피하는 응답자가 대부분을 차지해 조사를 망치는 경우도 있다.

Hans(1947)는 자료들이 가지는 상호 관련성을 이용하여 회피하는 대답을 찾아낼 수 있는 방법을 제안하였다. 가장 간단한 예를 든다면, 만일 응답자가 질문지에 이름을 기재하였으면 응답자의 이름을 보고 남자인지, 여자인지 판단해내는 것이다. 따라서 양자 택일형 질문이라도 "모르겠음", "의견 없음", "기록되지 않았음", "무응답", "선택하지 않았음", "기억할 수 없음" 등과 같은 형태의 대답을 준비해야 하는 경우도 많다.

조건부 대답

조사자가 만일 "귀하께서는 경기 구경을 갈 것입니까?"라고 질문하면 응답자들은 "예, 날씨가 개면요"라든지 "손님이 오지 않으면 갈 겁니다"라고 조건이 달린 대답을 할지 모른다. 이와 같은 조건부 대답은 명확한 해답으로 간주하기에는 매우 혼란스럽다. "예, 만일 ~한다면" 혹은 "아마"라고 대답한 사람은 게임에 가려는 의향이 크기 때문에 "예"라는 대답으로 간주해야 한다고 주장할 수 있다.

이 주장은 명확하게 긍정적으로 대답한 사람도 마음속으로는 이런 조건들을 가지고 있을 가능성이 높기 때문에 이것을 뒷받침해 준다. 비록 그들이 "예"라고 대답을 했지만, 조건부 대답을 한 사람들과 같이 비가 오면 게임에 갈 의향이 없을 것이다.

만일 이런 주장이 받아들여진다면, 그와 반대되는 것도 생각해 볼 수 있다. "아니오, ~하지만 않는다면" 혹은 "아니오, 아마 ~하지 않으면"이라는 대답은 "아니오"라고 분류되어야 할 것이다. 그러나 낙관적인 감정과 비관적인 감정을 제외하고 생각한다면 "예, 만일 날씨만 갠다면"과 "아니오, 날씨가 개지 않는다면"의 의미의 차이는 거의 없는 것을 알 수 있다.

조건부 대답을 해결하는 방법은 조건이 없는 명백한 대답만 적정하다고 간주하는 것이다. 조건이 없는 확실한 대답을 제외하고는 전부 "모른다"라고 간주하는 것이다. 다른 방법으로는 조건이 있는 응답자를 위해서 선택안을 준비하는 것이다.

"귀하께서는 경기를 보러 가시겠습니까, 아니면 가지 않으시겠습니까?"
( ) 간다. ( ) 가지 않는다.
( ) 대답에 조건이 있다. ( ) 모르겠다.

누구든지 거의 어떤 종류의 질문이라도 조건이 생각나는 것을 느낄 수 있을 것이다. 이런 응답자들의 대답을 가장 가까운 범주로 묶고 싶으면, "예", "아니오", "모르겠음"의 세 가지 선택안을 제시하고, "날씨가 개지 않으면"이라는 대답을 면접원이 어떤 선택안에 포함시킬지를 결정할 수 있도록 해야 한다. 그리고 만일 조사자가 확실한 대답을 원한다면, 조건부 대답을 위한 칸을 마련해 두어야 한다.

"귀하께서는 확실하게 게임에 갈 것입니까, 아니면 가지 않을 것입니까?"
( ) 예, 확실히 갈 겁니다. ( ) 아니오, 가지 않을 겁니다.
( ) 확실하지 않음(경우에 따라서) ( ) 모르겠습니다.

이것은 조건 없는 확실한 긍정의 대답만을 "예"로 간주하려는 것이다. 조건부 대답은 가려는 의도가 있는 모든 응답자를 다 포함할 것이고, 부정적인 대답은 경기에 가려는 의도가 전혀 없는 사람들, 그리고 "모른다"라고 대답한 사람들은 경기에 가는 것을 생각해 본 일이 없는 사람이나, 그들의 의견을 이런저런 이유로 나타내지 않으려는 응답자를 모두 포함할 것이다.

조건적 어휘

앞의 선택안 예에서 보았듯이 양자 택일적인 주제에서 조건적이라는 단어 자체의 뜻만으로는 의미가 어정쩡해서 이해하는 데에 만족스럽지 않을 것이다. 왜냐하면 조건적이라는 단어 그 자체가 명백하게 의미를 나타내는 단어와는 달리 문장 전체에서 조건(condition)의 의미가 내재되어 있는 개념이기 때문이다. 즉 실제로 응답자가 "나의 대답에 조건이 있는데"라고 하면서 말을 하는 경우는 거의 없다는 데 문제점이 있다.

그러므로 특정 상황에 응답자들이 사용할 수 있는 묘사들을 조사자의 입장에서 구분할 수 있도록 준비하여야 한다. 예를 들면 "~ 중에"라면서 "다른 것"이라든지, "차이가 없다"면서 "거의 비슷하다"라든지 "둘 다 그렇지 않은데"라면서 "어떤 것은 그렇고 어떤 것은 그렇지 않다"라는 표현들이다.

사전 조사에서 각 조건적 대답들의 가능성이 연구되거나 혹은 그렇게 되어 명확한 범주에 포함될 질 수 있도록 응답자의 대답을 기록할 수 있는 공간들이 준비되어야 한다.

이것을 나타내는 방법의 한 가지는 다음과 같다.
( )다른 것 ______________________ (자세히 적으시오)

중간화 경향

양자 택일형 질문에서 또 다른 문제점은 "거의 같다" 형의 대답이다. 질문에서 중간적인 대답의 가능성이 명확히 존재하지만, 2개의 극단적인 선택안만이 제시될 때가 있다.

다음의 경우에서 "귀하께서는 내년의 구두 가격이 지금보다 오를 것 같습니까, 내릴 것 같습니까?"라고 하였을 때 질문 속에서 언급되지는 않았지만 조사자는 "거의 같다"는 표시란을 준비해 두어야 한다. 왜냐하면 대부분의 응답자들은 내년의 가격은 거의 같다는 의견을 자발적으로 언급할 것이기 때문이다. 이것은 실질적으로 3지 선택형이라고 할 수 있을 것이다.

따라서 두 개의 선택안으로 그대로 둘 것인가 아니면 "귀하께서는 내년의 구두가격이 지금에 비해 오를 것 같습니까, 내릴 것 같습니까, 거의 같을 것 같습니까?"라고 질문을 할 것인가 하는 것이 문제가 된다. 얼핏 보기에는 3지 선택안의 질문이 더 나은 것 같이 보인다. 확실하게 3지 선택형 질문 대답의 형태는 양자 택일형 질문의 그것과는 다르다. 실제로 3지 선택형의 질문을 하면 "높을 것 같다", "낮을 것 같다"라고 대답하는 응답자보다 훨씬 많은 응답자들이 "거의 같다"라고 대답하는 것을 볼 수 있다 .

이러한 현상은 두 가지 원인으로 구분할 수 있다. 첫째로 사람들은 안전한 중립적인 대답을 선호하는 경향이 있고, 둘째로 극단적인 대답은 주의를 다른 곳으로 돌리게 하기 때문이다. 따라서 조사 주제가 응답자들이 의견을 표현하기에 꺼려하는 주제인 경우 특히 중립적인 의견은 종종 고의적으로 선택안에 포함시키지 않는 경우가 많다.

조사자들은 중간적인 선택안을 질문에 포함하는 것에 대해서 부정적인 입장을 가지고 있다. 이혼에 관한 질문으로 표본을 반으로 분할한 조사를 실시한 경우, 중간적인 선택안이 제시되지 않았을 때는 선택하지 않았던 응답자들이 그것이 제시되었을 경우에는 20% 이상이 중간적인 선택안을 선택하는 것을 볼 수 있다.

"당신은 이 나라의 이혼 절차가 지금보다 쉬워져야 한다고 생각합니까, 어려워져야 한다고 생각합니까?"

쉬워져야 한다	28.9%
어려워져야 한다	44.5%
현행대로여야 한다	21.7%
(선택안으로 제시하지 않았는데 응답자들이 자발적으로 대답한 경우)	
모르겠다	4.9%
	100%

"당신은 이 나라의 이혼 절차가 지금보다 쉬워져야 한다고 생각합니까, 어려워져야 한다고 생각합니까, 혹은 현행대로여야 한다고 생각합니까?"

쉬워져야 한다	22.7%
어려워져야 한다	32.7%
현행대로여야 한다	40.2%
모르겠다	4.3%
	100%

이런 중간적인 선택안에 영향을 받은 응답자들을 어떻게 측정할 수 있을까? 해답은 바로 대답의 강도를 묻는 질문을 이용하여 대답에 대한 확고한 의지의 정도를 구분하는 것이다.

만일 응답자들이 몰리는 경향이 있는 선택안이 바로 연구에서 정확히 얻고자 하는 정보일 경우, 중간적인 선택안을 제시하지 않는 것이 바람직하다. 일반적으로 응답자들은 설문에 중립적인 선택안이 없으면 자신이 의견을 결정하는 경향이 높다. 그러나 면접원들을 위해 중간적인 응답을 표시할 수 있는 칸을 준비하는 것이 좋다.

선택안의 강화

질문에서 사용되는 선택안은 온건하게 표현된 것부터 과격하게 표현된 것까지 다양하게 나타날 수 있다. 이러한 표현의 차이는 응답 시에 중립적인 의견을 가진 응답자나, 아직 결정하지 못한 응답자가 선택안을 고르는 과정에 영향을 미치게 된다.

서로 상반된 개념을 나타내는 극단적인 선택안은 응답자로 하여금 좀 더 쉽게 판단할 수 있게 해주며, 이에 비해 덜 극단적인 표현은 응답자가 좀 더 생각해야 하는 여지를 불러 일으키게 된다. 즉 극단적인 표현은 응답자에게 그들의 의견을 확실하게 결정하도록 해주며, 반대로 온순한 표현은 응답자에게 많은 생각을 하도록 하게 만드는 것이다.

선택안의 단어 선정이 응답자의 행동에 어떠한 영향을 미치는가에 대한 연구는 거의 보고되지 않았지만, 일반적으로 설문 작성자가 설문 작성 시 고려하는 점이다. 다음의 표를 보면 어휘적인 정도에 따라서 선택안들이 등급화됨을 알 수 있다.

선택안을 서열화하는 것이 경우에 따라서 틀릴 수 있지만, 실험을 해보면 상대적인 위치는 완전히 틀리지 않음을 알 수 있다. 따라서 연구자들은 표현의 순하고 강한 정도를 이용하여 양자 택일형 질문을 작성할 수 있다.

척도내용	척도의 뉘앙스	응답자의 판단 자세
좋은 생각–나쁜 생각	순하다	응답자가 쉽게 판단할 수 있다
선호한다–선호하지 않는다	순하다	그러나 조금은 개인적인 차원이다
동의한다–동의하지 않는다	순하다	그러나 약간의 고려를 필요하게 한다
찬성한다–반대한다	과격하다	그러나 행동을 수반함을 암시하지 않는다
지지한다–반대한다	과격하다	약간의 행동을 수반한다
찬성결의–반대결의	과격하다	행동에 대한 마음의 준비를 필요로 한다

과격한 선택안으로 응답자를 이동시키기 위해서는 질문 자체를 변화시켜서 작성할 수도 있다. Cantril과 Rugg(1944)의 Gallup 조사 연구에 있어서 "헌법의 개정"이 "헌법에 법조항 부가"보다 더 경직된 선택안으로 나타났다.

"귀하께서는 미국 대통령이 3차 유임하는 것을 헌법 개정을 통하여 금지시키는 것을 찬성합니까?"

예	28%
아니오	75%
모르겠음	9%

"귀하께서는 미국 대통령이 3차 유임하는 것을 헌법에 법조항을 첨가하여 금지시키는 것을 찬성합니까?"

예	36%
아니오	50%
모르겠음	14%

어느 유형의 선택안을 이용할 것인가에 대한 결정은 응답자들 중에서 단지 확고한 의견의 소유자만 찾을 것인가, 순한 선택안을 택한 응답을 포함할 것인가, 아니면 중간적인 의견의 응답자를 과격한 선택안으로 유도할 것인가를 결정하는 조사자에게 달려 있다.

상반되는 선택안

대부분의 양자 택일형 질문은 직접적으로 상반되는 선택안으로 나타낸다. 예를 들면 "좋은 생각"과 "반대"는 서로 상반되는 의미를 나타내지 않기 때문에 2가지 선택안으로는 사용할 수는 없다. 그러나 예-아니오, 흑-백, 찬성-반대와 같이 선택안이 명백한 범위를 넘어서 완전한 대답을 요할 때는 선택안들이 보완적이 되도록 주의를 해야 한다. 여기 이러한 조건에 맞지 않는 예를 하나 들어보자.

> "귀하께서는 기업들을 더욱 강력하게 규제하는 것이 낫다고 생각하십니까, 덜 규제하는 것이 낫다고 생각하십니까?"

자세히 보면 이 질문의 표현은 순한 선택안과 극단적인 선택안이 제시되고 있다. 덜 규제하는 것이 낫다고 하는 것은 실제적으로 규제를 전혀 하지 않는 것과 같은 의미도 있다. 여기서 규제에 대한 비교 기준이 없기 때문에 조사 개념을 파악하기가 쉽지 않다. 오늘날의 기업들은 이전의 공산국가 기업들에 비한다면 규제가 없는 편이고, 1890년대의 제국주의 기업들에 비한다면 규제가 많은 편일 것이다. 이것은 다음과 같이 질문되어야 한다.

> "귀하께서는 기업들이 현재 규제되는 정도보다 더 규제되어야 한다고 생각하십니까, 덜 규제되어야 한다고 생각하십니까?"

주제가 단어의 선정으로 약간 바뀌었지만, 이 질문은 적어도 모든 응답자가 이 질문을 대답하는 데 있어서는 "현재 기업의 규제 정도"라는 사고의 발판을 주었다.

비상반적인 예외

양자 택일형 질문에서 선택안들이 명확하게 반대의 뜻을 가지고 있어야 함에도 불구하고, 약간의 예외가 있을 수 있다. 학교 선생님들에게 다음과 같이 질문하는 것은 어리석은 일이다.

> "귀하와 같은 선생님들의 봉급이 너무 낮다고 생각하십니까, 너무 높다고 생각하십니까?"

조사자는 차라리 다음과 같이 질문하는 것이 나을 것이다.

> "귀하와 같은 선생님들의 봉급이 너무 낮다고 생각하십니까, 적정하다고 생각하십니까?"

두 번째 질문에서는 "적정하다"라는 전형적인 중간적인 대답이 반대되는 선택안의 하나로 들어 있는데, 이것은 매우 현실적인 접근법이다. 그러면 왜 이것이 현실적인가? 처음부터 아예 너무 낮다, 너무 높다, 적당하다의 세 가지 대안들이 질문의 선택안으로 왜 이용되지 않았는가? 하는 의문이 있을 수 있다. 실제적으로 선생님들이 대답한 아래의 질문을 연구해 보면 가장 좋은 대답이 될 것이다.

"다른 직종의 동급 훈련기간, 경험, 능력들을 고려할 때 선생님들의 봉급이 너무 낮다, 너무 높다, 적당하다 중 어떻다고 생각하십니까?"

너무 낮다 80% (조금 낮다 16%)
적당하다 2%
모르겠다 2%

결과에서 보면 만일 기회가 주어지더라도 얼마나 적은 수의 선생님들이 그들의 봉급이 높다고 대답할 것인지 알 수 있을 것이다. 따라서 조사 주제의 현실성에 비추어서 상반적인 선택안이 선정되어야 한다.

무관심한 대답

질문의 선택안들이 중복되어서는 안 된다는 것은 말할 필요도 없는 것 같아 보이지만, 이 상호배타적(mutually exclusive)인 원칙이 잘 지켜지지 않는 경우가 많다. 어떤 응답자들은 다음과 같은 질문에 둘 다 대답하는 것을 볼 수 있다.

"귀하께서는 시장이 시를 잘 운영하고 있다고 생각하십니까, 혹은 더 잘할 수 있다고 생각하십니까?"

이 질문에 대해 대부분의 응답자가 "그는 확실히 잘하고, 앞으로도 잘할 수 있을 겁니다"라고 대답하는 것을 볼 수 있다. 응답자들은 두 가지의 선택안이 다 옳다고 느끼며, 둘 중에 하나를 선택하라는 것에 난감함을 나타내면서 시장에 대한 일반적인 태도를 나타내려고 할 것이다.

그러나 만일 어떤 사람에게 "후식으로 파이나 아이스크림 중에 무엇을 선택하겠습니까?"라고 묻는다면 파이를 선택하는 사람은 그다지 많지 않을 것이다. 왜냐하면 식사 후의 포만적 상황은 어떤 특정한 먹거리 대안에 대해서 적극적인 의사를 나타내려는 의향이 없게 만들기 때문이다.

어떤 응답자들은 선택안 중에 하나만 선택하도록 하는 상황에서도 둘 다 선택하는 것을 볼 수 있다. 심지어는 "가장 가까운 것을 고르시오"라고 해도 둘 다 고르는 경우가 있다. 그런 질문에서 10명 중에 1명은 아래의 선택안 두 가지가 모두 옳다고 할 것이다.

"다음 두 개의 아이디어 중 근로자의 생활 수준을 향상시킬 수 있는 것으로 귀하의 생각과 가장 가까운 것은 어느 것입니까?"

① 근로자들의 생활 수준을 향상하는 방법은 근로자들이 더 많은 제품을 생산하는 것.

② 근로자들의 생활 수준을 향상하는 방법은 기업이 이미 만든 물건에 대해 가격을 올려서 소비자들로 하여금 더 많은 돈을 지불하도록 하는 것.

선택안의 상호 배타적인 원칙은 지키도록 노력해야 하고, 만일 이것이 실패할 경우는 또 하나의 선택안으로 선택안들의 결합을 준비해야 한다.

종종 명확한 의미를 가지는 용어도 상황에 따라서는 중의적인 효과를 나타내는 경우가 있다. 만일 예를 들어 상봉동에서 조사자가 응답자들을 "서울 시민인지, 경기도 주민인지" 구분하려 하였다고 하자. "서울에 사십니까?"라는 질문에 많은 응답자들은 이 질문에 만족할 만한 대답을 할 것이지만, 어떤 응답자들은 구리시에 살기 때문에 "아니오"라고 대답할 것이고, 어떤 사람들은 서울시 경계에서 10Km나 멀리 떨어져 살면서 "예"라고 대답하는 사람이 있을 것이다. 물론 이런 대답은 개인적인 상황에 연유하여 나온 대답일 것이다.

이러한 문제점을 해결할 방법으로 앞의 질문의 구성을 조금 달리해서 "귀하께서는 서울시에 살고 있습니까, 혹은 서울시 경계에서 10Km 이내의 거리에 살고 있습니까?"라고 하든지 아니면 교외라고 간주되는 교문리, 남양주, 화정 등 각 지역의 명단을 일일이 열거하는 방법이 있을 것이다. 또 다른 방법으로 "귀하께서는 서울에서 얼마나 떨어져 살고 있습니까?"라고 묻거나 아예 "귀하께서는 어디에 살고 있습니까?"라고 개방형으로 질문하는 것이다.

2x2의 개념의 내재

명확한 양자 택일형의 질문인 경우도 문맥상 명확하지 않으면 조사자에게 어려움을 주고, 면접원들에 의해 응답자들에게 잘못 전해져 대답을 하게 되든지, 응답자들이 잘못 이해하여 비일관적인 대답에 이르는 경우가 있다.

> "귀하는 1년 전에 비하여 건강이 좋은 편입니까, 나쁜 편입니까?"

이 질문은 문법적으로 명확하지만 질문 속에 의도되지 않은 '나쁘다-좋다', '지금-그때'라는 2개의 선택안이 들어 있다. 응답자가 "나쁘다"라고 대답을 했다면 물론 "1년 전보다 나빠졌다"라는 것을 의미하지만, 실제로 "그때의 건강이 지금보다 많이 나빴다"라는 것을 의미할 수도 있는데, 그때보다는 나아졌지만 지금도 나쁜 상태일 경우 모호한 상황에 처하게 된다.

일단 애매모호하게 말한 응답자에게 문제가 있지만, 이러한 대답들은 응답자의 다른 실수가 발견되지 않는 한 조사자나 분석자가 찾아내기 힘들 것이다. 따라서 이 질문은 다음과 같이 개선되어 모호한 대답이 나오지 않도록 하여야 한다.

"귀하의 건강은 지금 어떻습니까?"
"귀하의 건강은 나아졌습니까?"

이 질문들에서는 의도되지 않은 2개의 선택안들이 제거되었다. '나쁜-좋은', '지금-그때' 등의 선택안 대신에 단지 지금의 상황이나 그때-지금과의 비교만 질문되고 있을 뿐이다.

어떤 선택안?

양자 택일형 질문의 유용성에 대한 가장 큰 반론은 응답자들의 대답 범위를 제한한다는 것이다. 이 유형의 질문은 대답을 명확하게 해 주기도 하지만, 조사 주제에 대해 설문지 작성자가 미리 생각한 형태에 맞추도록 그들의 응답을 구속한다는 것이다. 마치 법정에서 예-아니오만을 대답하도록 강요하는 것과 같다. 그러나 양자 택일형 질문은 선택안들이 현실적이기만 한다면 쉽고 만족할 만한 방법이다.

그러나 만일 선택안을 고르는데 선택안 이외에 또 다른 입장이 가능하다면 양자 택일형 질문을 사용할 수 없다. 예를 들어 조사자가 임금 인상에서 성과급과 연공 서열에 대한 근로자들의 의견을 조사하기 위해서 다음과 같은 질문을 한다고 가정하자.

"귀하의 회사에서 대부분의 봉급 인상이 성과급에 의해 이루어진다고 생각합니까, 혹은 연공 서열에 의해서 이루어진다고 생각합니까?"

이 질문은 얼핏 처음 보기에는 2개의 측면에서 주제를 표현한 전형적인 양자택일형 질문 같아 보인다. 그러나 만일 근로자들이 봉급인상이 회사의 편의주의나 개인적인 요구 혹은 단순히 일시적인 국가 전체의 전반적 인상이라고 생각한다면 이 질문에 어떻게 대답을 하겠는가?

만일 근로자들이 성과급이나 연공 서열에 의해서 봉급이 오른다기보다는 세 가지 요인 중 하나에 의해서 인상된다고 생각한다면 앞서 지적한 조건부 응답이나 무응답으로 처리할 수도 있겠지만, 응답자들은 대개 두 개의 선택안들 중에 하나를 택해야 한다고 강박관념을 느낀다. 이렇게 조사된 결과 보고서는 "대부분의 근로자들은 봉급 인상이 성과급에 의해 이루어진다고 생각한다고 진술했다"라는 잘못된 결과가 나타날 것이다.

조사자가 질문을 한 의도가 성과급과 연공 서열의 상대적인 중요성이라면 다음과 같이 질문을 수정할 수도 있다.

"귀하의 회사에서 귀하는 성과급과 연공 서열 중 어느 것이 더 중요하다고 생각합니까?"

위와 같이 질문을 변경하면 두 개의 논의안이 나타나게 되고, 따라서 조사 결과를 왜곡할 위험이 줄어든다. 그러나 이를 위해서는 성과급과 연공 서열에 관해서 좀 더 자세히 설명할 필요가 있다.

논쟁 형식

복잡한 조사 주제에 대해서 양자 택일형 질문을 도입하려면 소개형 문장(introduction sentence)을 이용하면 된다. 흔히 소개형 문장은 다음과 같이 논쟁을 소개하는 형식으로 표현하게 된다.

"어떤 사람은 우리가 현재의 비율로 기름을 쓰면 약 15년 정도 쓸 수 있다고 하고, 다른 사람들은 지금부터 약 100년은 쓸 수 있다고 합니다. 이것 중 어느 것이 귀하의 생각과 유사합니까?"

그러나 단지 한쪽만의 주장을 표현해 주는 질문도 있다.

"언젠가 라디오에서 이야기하던 어떤 사람이 기업에 대한 높은 세금은 그 회사에 근무하는 사람에게 피해를 준다고 했습니다. 귀하께서는 이 말에 동의하십니까?"

이러한 경우에는 논쟁점이 제3자가 한 발언이기 때문에 응답자들은 비교적 홀가분한 마음으로 대답을 할 수 있게 되어, 설문 작성자들이 선택안 중에 어떤 대답을 기대하는지 느끼지 못하게 된다. 그리하여 응답자들은 자신이 느끼는 것이 면접원들을 기쁘게 할 것이라고 생각하며 대답을 하게 되고, 따라서 아무런 영향도 받지 않고 자유롭게 대답하게 되는 것이다. 이와 같이 응답자들이 질문에서 어떤 방향의 대답을 요구하는지 모르게 조사하는 것이 매우 중요하다.

위의 두 질문에 대해서 일반적으로 말하자면, 첫 번째의 논쟁형 질문이 두 번째의 논쟁형 질문보다 더 나은데, 그것은 선택안을 양쪽 다 진술하였기 때문이다. 선택안을 양쪽 다 진술해야 하는 이유는 한쪽만 진술된 질문에 대해 응답자들은 단지 그것을 반대할 특별한 이유가 떠오르지 않아서 그 주장에 동의할 가능성이 높기 때문이다.

순서가 바뀐 선택안

좋은 질문이라는 것은 질문 자체가 대답에 영향을 주지 않는 것이다. 흔히 말로 물어 보는 질문에서 응답자들은 그들이 들은 마지막 선택안을 택하는 경향이 있다. 소비자 행동 분석에서는 이를 흔히 최근 효과(recency effect)라고 한다. 여기서 이러한 상황에 관련된 설문지 형식의 오류를 살펴보기로 하자. 양자 택일형 질문에서 진술된 질문의 순서를 바꿔서 실험을 하는데 A 혹은 B를 응답자 절반에게 묻고, B 혹은 A를 응답자의 나머지 절반에게 묻는다. 이를 (절반)분할 테스트(split-half test)라고 한다. 이 실험 결과에서는 같은 비율의 대답을 예상할 수 있다. 이러한 방법은 선택안의 순서가 응답에 영향을 미치는가를 입증해 줄 뿐 아니라 어떤 경우에서든 균형 잡힌 결과를 가져오게 해준다. 이것들은 실험 자체만으로도 흥미가 있지만, 무엇보다 다양한 질문에 있어서 표본에 따라서 순서가 역전된 2종의 설문지를 인쇄하는 것을 표준 관행으로 정착시킬 필요가 있다.

예를 들면,

Form A
"귀하께서는 내년에 휘발유값이 지금보다 오를 것이라고 생각합니까, 혹은 내릴 것이라고 생각합니까?"

Form B
"귀하께서는 내년에 휘발유값이 지금보다 내릴 것이라고 생각합니까, 혹은 오를 것이라고 생각합니까?"

만일 선택안의 순서가 결과에 영향(order effect)을 미친다면 두 형식의 가중치가 이 효과를 상쇄시킬 것이다. 만일 이 상쇄의 특징을 이용하려면 컴퓨터 코딩 작업에서 아래와 같이 번호를 바꿔 입력시켜야 한다.

Form A의 선택안		Form B의 선택안	
( )오를 것이다	→ 1	( )내릴 것이다	→ 3
( )거의 같을 것이다	→ 2	( )거의 같을 것이다	→ 2
( )내릴 것이다	→ 3	( )오를 것이다	→ 1
( )모르겠다	→ 4	( )모르겠다	→ 4

이런 방법으로 하면 대답란의 순서는 각각의 질문에 따라 논리적으로 정렬된다. 어느 질문이 사용되든지 "오를 것이다"는 1번에 해당되고 "내릴 것이다"는 3번에 해당되게 한다. 물론 양식 B의 선택안처럼 순서를 바꿀 필요가 없을지 모르지만 대개 질문에서 묻는 순서에 따라 선택안의 순서를 배열하는 것이 보통이다. 다만 선택안의 순서를 바꾸었을 때 그것이 극단적으로 어색하다든가 혹은 질문에 꼭 함정이 있는 것같이 들리는 경우에는 꼭 그렇게 순서를 맞출 필요는 없다.

선택안에 대한 긍정적인 반응 경향

태도의 측정 중에서 가장 흔한 형태의 것이 동의-반대 형식의 선택안이다. 이 같이 동의를 묻는 질문은 주로 응답자들이 조사 주제에 관계없이 긍정적으로 대답해 버리는 경향이 있기 때문에 많은 문제점을 지닌 표현이라고 할 수 있다. Schuman과 Presser(1981)의 연구에서 사용된 다음과 같은 질문을 보자.

"당신은 감정적인 견지에서 본다면 대부분의 남자가 여자보다 정치에 적합하다고 생각합니까, 아니면 남자와 여자가 동등하다고 생각합니까, 여자가 더 낫다고 생각합니까?"

교육연수	0-11년	12년	13년 이상
남자가 낫다고 대답한 응답자	33%	38%	38%

"감정적인 견지에서 본다면 대부분의 남자는 대부분의 여자보다 정치에 적합하다는 표현에 당신은 동의하십니까, 동의하지 않습니까?"

교육연수	0-11년	12년	13년 이상
동의한다고 대답한 응답자	57%	44%	39%

이렇게 교육연수가 짧을수록 조사의 내용에 대해서 관심을 덜 기울이면서 "동의한다"에 쉽게 반응하는 경향을 보인다. 따라서 응답자의 교육연수와 의견 등을 교차적으로 분석하여야 교육 효과에 의한 이런 경향을 줄일 수 있다.

위와 같은 결과로 실제로 남녀의 차이를 인정한다고 간주하면 해석에 문제점이 발생하게 된다. 일반적으로 강제로 응답자에게 선택안을 선택하도록 하는 것이 동의-비동의 형태의 질문보다 더 나을 수 있다.

참고문헌

Blankenship, Albert B. (1943), *Consumer and Opinion Research*, Harper and Brother.

Cantril, Hadley, and D. Rugg(1944), *Gauging Public Opinion*, Princeton University Press.

Hans, Zeisel(1947), *Say It with Figures*, Harper and Brothers, 1947.

Schuman, H., S. Presser(1981), *Questions and Answers in Attitude Surveys: Experiments on Question Form, Wording and Context*, New York: Academic Press.

5
다지 선택형 질문 (Multiple Choice Questions)

다지 선택형 질문(multiple choice questions)은 표현 그대로 선택안이 많은 질문을 의미한다. 일반적으로 4지 선택형이 보편적이지만, 그 이외에도 선택안의 수는 조사 목적이나 편의에 따라서 다양하게 만들 수 있다.

이 유형의 질문은 다음과 같은 두 가지의 상황에서 유용한 방법이라고 할 수 있다. 첫 번째, 조사 주제의 범위가 황인종, 흑인, 백인과 같이 명확하게 구분이 가능할 때 사용할 수 있으며, 두 번째로는 키가 매우 크다, 평균이다, 작다 등과 같이 등급화할 수 있는 경우이다. 따라서 조사 주제를 명확하게 등급이나 범주로 구분하기가 어려운 경우에는 사용되기가 어렵다. 이런 경우에는 흔히 두 가지 선택안으로 줄여서 양자 택일형 질문으로 만드는 방법을 택하게 된다.

한편 극단적인 예로 수많은 정도나 등급의 대답이 예상되는 질문이 있을 수 있는데, 이런 경우에는 오히려 자유 응답형 질문이 적합하다. 이런 이유로 인해서 다지 선택형 질문은 이같이 자유 응답형이나 양자 택일형 질문 범주의 중간 형태라고 할 수 있다.

정형화(formality)

만일 자유 응답형 질문이 생활에서 일상적으로 사용되는 형식의 질문이라면 다지 선택형 질문은 일상적인 대화에는 거의 사용되지 않는 가장 정형화된 질문의 형태이다. 일상 생활에서 잘 사용되지 않는 이유는 이러한 형태의 질문을 하기 위해서는 질문하는 사람이 예상되는 대답에 대해서 많은 생각을 한 다음 질문을 해야 하기 때문이다.

선거에 관한 경우를 예로 들어보자. 어떤 사람이 선거에서 누구를 지지하는지를 알아보기 위해서 일일이 모든 후보자들의 특징적인 프로필을 소개하지 않아도 된다. 선거 벽보는 모든 후보자에 대한 프로필을 서로 비교할 수 있도록 정형화되어 있기 때문이다.

이와 같이 선택안들을 정형화하여 나열시키는 것이 바로 다지 선택형 질문의 특징이다. 따라서 다지 선택형 질문에서는 선택안 하나하나가 응답자의 주의를 끌 수 있으며, 모든 응답자들을 동일한 차원에서 평가할 수 있도록 해주는 장점이 있다.

앞의 예에서 조사자가 후보자들에 대한 선호도를 조사한다면, 조사자는 응답자들에게 "당신은 갑 혹은 을 후보 중에 어느 후보자를 좋아하십니까?"라고 질문하게 될 것이다.

이에 대해서 첫 번째 응답자는 갑이라고 대답하는 데 반해서 두 번째 응답자는 병이라는 다른 후보의 이름을 말할 수 있을 것이다. 그러면 첫 번째 응답자는 말이 난 김에 불쑥 "나도 병 후보를 좋아한다"라고 대답할 수 있다.

이같이 선택안으로 고려할 수 있는 프레임을 주지 않으면 응답자가 자유 응답형 질문에서처럼 엉뚱한 곳에서 대답을 찾게 되는 경우가 발생하게 된다.

따라서 이러한 오해를 덜기 위해 응답자들에게 일차적으로 대답의 프레임을 정형화시켜주는 것이 바로 다지 선택형 질문을 사용하는 목적이다.

자유 응답형 - 다지 선택형 - 양자 택일형

선거의 예를 이용해서 자유 응답형-다지 선택형-양자 택일형의 3가지 질문의 기능이 어떻게 적용되는지를 알아보자. 어떤 모임에서 다음 해의 회장을 선출하는데, 회원들은 "당신은 누구를 후보로 지명하시겠습니까?"라는 자유 응답형 질문을 통해서 자유롭게 후보들의 이름을 지명할 수 있다. 이 단계에서는 상대적으로 적은 수의 사람들이 지명하는 데 참가하게 되며, 다음 단계에서는 지명된 후보들이 열거된 다지 선택형 질문을 이용하여 전체 회원들에게 어떤 후보가 회장에 적임자인가에 대한 질문에 답을 하게 된다.

이러한 과정을 통해서 후보 대상이 2명의 후보로 압축되어, 양자 택일형 질문을 이용할 수 있게 된다. 여기서 사용된 최초 지명과 1차 선거와 최종 선거의 논리는 주제의 변화에 따라 각각 다른 단계마다 세 가지 형식의 질문이 적용될 수 있음을 보여준다.

자유 응답형 질문은 광범위한 차원에서 논의될 수 있는 주제를 몇 개의 핵심점으로 귀착시키는 데 유용하지만 적은 수의 응답자에게 질문되어야 한다는 데에는 한계가 있다. 다지 선택형 질문은 모든 차원에서의 횡단적인 면을 평가해 볼 수 있으며, 나열된 모든 측면에 대해 응답자의 주의를 끌 수 있는 장점이 있다. 양자 택일형 질문의 경우는 응답자들이 두 개의 주요한 선택안에 대해 모든 차원을 꼼꼼하게 비교해 볼 수 있는 기회를 제공하는 역할을 한다. 따라서 각각의 질문 형태는 각각의 단계에서 유용하게 쓰일 수 있는 방식들이다.

엉뚱한 결과들

그러나 가끔씩은 논리적인 추론을 통하지 않은 채 관찰만을 통해 서둘러서 후보를 지명하여, 1차 선거만을 하고 최종 선거를 실시한다면 엉뚱한 결과를 초래할지도 모른다. 어떤 경우에는 성격이 나쁜 후보자가 다른 사람들로부터 1차, 2차 지명을 받지 못했음에도 불구하고, 자신을 3차 조사에 포함시켜 달라고 요구할 수도 있으며, 그로 인해 새로운 투표가 필요한 상황이 벌어질 수도 있을 것이다. 이러한 상황이 물론 흔하게 일어나지는 않겠지만, 조사에서는 이러한 상황이 일어나는 경우가 종종 있다. 즉 조사 주제나 선택안들에 대해서 평가할 수 있는 단계를 거치지 않고 불쑥 선택안으로 등장시켜 응답자들에게 혼란을 줄 수 있는 것이다.

실제로 조사 결과를 보면 세 가지 질문 유형에 따라 다른 결과가 나타나는 것을 볼 수 있다. 즉 어떤 주제에 대해 자유 응답형 질문에 의해 나온 대답은 다지 선택형 질문의 대답과 다르게 나타나며, 양자 택일형 질문에 의한 대답은 앞의 두 개의 대답과는 또 다를 가능성이 높은 것이다.

보기카드

개인 면접을 위해서 만들어진 다지 선택형 질문에서는 보통 3개 이상의 선택안이 사용된다. 이 경우에 조사자가 설문지를 보면서 설명하는 말만으로 제시되는 많은 선택안을 응답자가 다 기억하고 이해하기를 기대하는 것은 무리다. 따라서 선택안이 나열된 카드를 응답자에게 주어야 한다. 특히 카드는 선택안이 문장 형식으로 이루어져 있을 때 매우 유용한 도구이다. 어떤 사람은 설문지의 선택안을 읽어주지 않고 보기카드를 이용하는 이유가 문맹자나 시각장애인을 제외시키려는 것이 아니냐고 우스갯소리를 하기도 한다.

그러나 이러한 지적은 다지 선택형 질문을 사용할 때 나타나는 문제점을 모르는 이야기라고 할 수 있다. 보기카드는 앞서 지적한 조건부 대답을 하는 응답자들이나 질문을 이해하는 데 어려움을 느끼는 응답자들을 될 수 있으면 회피하려는 경향을 띠는 면접원들에게도 필요한 것이다.

조사 실무에서는 소위 O. J. T.(on-the-job-training)라는 것을 통해 앞을 잘 못 보는 사람들이나, 문맹자들뿐만 아니라 일반 응답자들에게 면접원들이 읽어 주는 교육을 하게 된다. 그 이유는 비록 잘 읽는 응답자들이더라도 시각과 청각의 자극을 주게 되면 두 배의 자극제가 되기 때문이다. 이러한 보기카드는 "당신은 이 두 가지 색깔 중에 어느 색을 더 좋아하십니까?"라든지, "당신은 이 카드에 그려진 것을 무엇이라고 부르겠습니까?"라는 양자 택일형 질문과 자유 응답형 질문에도 이용될 수 있다.

그러나 대개 카드를 사용하는 것은 다지 선택형 질문을 할 때가 대부분이다. 한편으로는 종종 설문지에 너무 많은 다지 선택형 질문이 들어 있어서 각각에 대해 카드를 사용하는 것은 면접원에게 부담이 되는 경우도 있다. 이런 경우에는 책자 형식이 이용될 수 있는데, 이것은 면접원이 응답자에게 질문이 진행됨에 따라서 몇 페이지에 있는지 언급해 주는 방법이다.

선택안 구성의 문제점 : 1-2-3-4 중에서 3을 선택하는 경향

응답자들의 일반적인 경향은 주어진 숫자들 중에서 가운데에 있는 수 근처의 것을 선택하는 경향이 있다는 것이다. 특히 이러한 경향은 그들의 대답에 추측이 개입될 때 더 짙어진다.

이러한 경향을 직접 확인하기 위해서 간단하고 재미있는 실험을 친구들에게 실시해 볼 수 있다. 각각의 사람들에게 1, 2, 3, 4를 적도록 하고 그것을 없앤 뒤에 또 다른 종이를 주면서 그들에게 그 숫자들 중 하나를 적으라고 한다. 결과를 보면 많은 사람들이 3을 적은 것을 볼 수 있을 것이다.

2-4-6-8 중에 6을 선택하는 경향

응답자들은 추측을 할 때 극단적인 것은 정답이 아닐 것 같다는 논리를 가지고 하게 된다. 더군다나 그런 응답자들의 추측은 맞아떨어지는 경우가 많은데, 이는 설문지 작성자들도 똑같은 가정을 하기 때문이다. 즉 설문지 작성자들은 흔히 가운데 숫자 주변에 정답을 두는 경우가 많다. 여기에 한 예를 들어보자.

"종류에 관계없이 얼마나 많은 트럭이 한국에 있다고 생각하십니까?"

카드	대답	
2 백만대	9%	
4 백만대	24%	60%
6 백만대	36%	
8 백만대	20%	
무응답	11%	

한국에서는 1997년 기준으로 트럭 등 화물차는 2백1만5백13대가 등록되어 있다. 4개의 선택안이 이 숫자 주위에 퍼져 있는 것을 볼 수 있다. 60%나 되는 많은 응답자들이 2개의 중간적인 숫자를 응답하였는데, 이러한 결과는 카드에 나타난 숫자를 추측하여 대답한 결과라고 볼 수 있다. 이것은 위의 질

문의 내용이 응답자들이 대답할 수 있는 지식 범위를 벗어나는 것이기 때문이다.

분석자는 이 자료를 가지고 얼마나 많은 정답이 완전한 추측으로 맞았으며, 중간적인 선입견으로 맞았는지, 약간의 정보를 바탕으로 추측을 했는지, 아니면 실제로 정답을 알고 했는지 알 수 없다.

이제 극단적인 대답이 정답인 경우를 보자. 90%의 농산물들이 트럭으로 운송된다는 사실을 염두에 두고, 다음과 같은 질문을 해보기로 한다.

"농산물을 운송하는데 어느 정도가 트럭에 의해서 운송된다고 생각하십니까? "

카 드	대 답
30 %	5%
50 %	12%
70 %	24%
90 %	55%
무의견	4%

이번에는 많은 응답자들이 농산물을 운송할 때 트럭이 중요함을 현실적으로 인식하고 있다고 합리적으로 확신할 수 있을 것이다. 이 질문에서는 충분히 많은 응답자들이 중간적인 대답의 경향을 극복했고, 조사자가 응답자들이 사실을 잘 알고 있다고 생각이 들 정도로 높은 수치로 정답을 택했다. 앞의 세 선택안은 평균 14%의 비율로 선택되었다. 따라서 대충 계산을 해보면 단지 추측을 한 비율인 14%를 마지막 대답인 55%에서 빼면 41%는 확실한 응답자로 볼 수 있다.

그러므로 어떤 것이든지 지식의 측정을 위한 선택안을 나열할 때는 극단적인 곳에 정답을 두는 것이 현명한 예방조치라고 할 수 있다. 한편 무응답의 선택안은 응답자에게 보여주지 않았기 때문에 설문지상에서 응답자 스스로가 빠져나갈 출구를 제공하지 않았다. 그러나 설문지 자체에서는 추정을 못 해서 우왕좌

왕하는 응답자들을 위해 조사자가 판단하여 표시할 수 있도록 V 표시칸을 마련해 주었기 때문에 4%라는 적은 수의 무응답이 발생하게 된 것이다.

이같이 숫자로 선택안이 표시된 다지 선택형 질문의 두 가지 장점을 보면 다음과 같다.

첫째, 카드를 이용하여 조사자들이 의도하는 어휘의 범주로 묶어 줄 수 있다. 마지막 질문의 경우 만일 카드가 없었다면, 아마 30여 개 이상의 다양한 수의 퍼센트가 대답될 것이고, "거의 절반"이라든지, "운송 물량 중 대부분"과 같은 잡다한 대답이 나올 것이다.

둘째, 선택안의 목록들은 응답자들을 질문에 대답할 수 있도록 북돋워주는 역할을 한다. 자유 응답형 질문에서 조사 주제에 대해 잘 알고 있는 응답자들이 종종 모른다고 대답하는 경우가 있는데, 이것은 그들이 정확한 대답을 생각해 낼 수 없기 때문이다. 즉 89%인지 93%인지 정확한 수를 모를 때 그들은 대답을 하지 않을지 모른다. 그러나 응답자들이 4지 선택형 질문을 대할 때 90%라는 선택안이 가장 가깝게 나타나고, 그들은 비교적 자신있게 선택안을 선택하게 된다.

질문지 내에서 질문 문항의 위치와 응답 경향

응답 경향(response sets) 가운데서 주목해야 할 것에는 "중간 응답 쪽으로 몰리는 경향", "의견 없다 또는 모르겠다는 응답 쪽으로 기우는 경향", 그리고 때로는 "극단 응답 쪽을 택하려는 경향" 등이 있다.

질문의 위치가 질문지 속에서 앞쪽에 있느냐 뒤쪽에 있느냐에 따라 위의 응답 경향에 영향을 미칠 수 있다. 질문의 위치가 질문지 여러 문항 가운데서 앞쪽에 있느냐 뒤쪽에 있느냐에 따라 응답에 영향을 미칠 수 있다. 질문의 위치가 질문지의 앞쪽에서 뒤쪽으로 옮겨지게 되면 "무응답" 문항의 수가 늘어나고, "극단 긍정"이나 "극단 부정"에 체크하는 문항수가 줄어드는 경향이 있다.

질문이 질문지의 뒤쪽에 위치하게 되면 앞쪽에 위치할 때에 비해 긍정 응답자의 비율이 대체로 줄어드는 경향이 있다.

〈표 1〉 어떤 질문이 질문지 안에서 차지하는 위치가 응답에 미치는 영향 : 위치가 앞에서 뒤로 바뀜으로써 생긴 변화 (단위 문항수)

내 용	늘어남	변화없음	줄어듦	P
무응답 체크 문항	27	12	7	0.01
극단 긍정 체크 문항	9	4	33	0.01
극단 부정 체크 문항	12	9	25	0.05

Kraut, A. I, Wolfson, A. D &, A. Rothenberg(1975) "Some Effects of Position Opinion Survey Items," *Journal of Applied Psychology*, 60, 774~776.

코스닥에 등록된 주식수

다지 선택형 질문에 제시된 선택안 카드 속에 열거된 숫자가 응답자의 대답에 영향을 미칠 수 있다는 점에 대해 주의를 기울일 필요가 있다. 왜냐하면 질문에 대해서 정확한 지식이 부족한 응답자들은 질문에 제시된 숫자 중에서 대답하려는 경향이 매우 강하기 때문이다. 즉 바로 정답이 질문에 포함되어 있기 때문이다.

예를 들어 요즘 한창 투자가들이 관심있어 하는 코스닥에 등록된 주식의 수를 알아보자. 증권 예탁원의 조사에 따르면 코스닥에 등록된 주식의 수는 2007년 기준으로 28,238,124,605주이다. 숫자가 워낙 예측하기 힘들기 때문에 분산 정도에 관한 정확한 조사를 할 때는 극단적으로 매우 넓은 선택안을 준비하는 것이 바람직하다.

"이 숫자들 중에 당신이 생각하는 코스닥에 등록된 주식 전체의 수와 가장 비슷한 것은 어느 것이라고 생각하십니까?" (단위 : 천주)

카 드	대 답
100	*(0.5% 이하)
500	*
1,000	*
5,000	1%
10,000	3%
100,000	9%
1,000,000	14%
5,000,000	21%
10,000,000	21%
50,000,000	13%
무의견	18%

그런데 선택안의 목록 자체가 응답자의 판단에 어떤 영향을 미치는 것일까? 먼저 카드에 열거되어 있는 숫자들이 큰 숫자에 편중되어 있기 때문에 카드만을 보고서도 대부분의 응답자들은 코스닥에는 정말 많은 수의 주식이 있다는 결론을 내리는 것이 어렵지 않다. 즉 응답자들은 아마 카드에 큰 수를 기록해 놓은 데 대해 어떤 이유가 있을 것이라고 생각해서 작은 수들은 신경쓰지 않고, 목록 제일 뒤의 큰 숫자들을 중심으로 선택하는 경향을 나타내는 것이다.

극단으로 가는 것

응답자들은 숫자로 열거되어 있는 경우와는 달리 아이디어나 문장으로 되어 있는 보기카드에는 완전히 반대의 현상을 나타낸다. 이런 경우에 응답자들은 중간 근처의 선택안이 아니라 극단적인 표현의 문장으로 된 선택안을 선택하는 경향을 나타낸다. 또한 이러한 경우에 응답자들은 목록의 제일 밑에 있는 진술문보다 제일 위에 있는 것을 선호하는 경향이 있다. 즉 응답자들은 제일 처음 본 것을 선호하며, 그러고는 마지막 것을 선호한다.

연구에 따르면 이를 위해서 여러 개의 아이디어가 표현된 한 실험에서 표본의 구성을 같게 하였을 때 다음과 같은 결과가 나타났다.

아이디어 A는 다음의 경우에 선택되었다.
27% : 목록의 제일 위에 있을 때
17% : 목록의 중간 근처에 있을 때
23% : 목록의 제일 밑에 있을 때

아이디어 B는 다음의 경우에 선택되었다.
11% : 목록의 제일 위에 있을 때
7% : 목록의 중간 근처에 있을 때
7% : 목록의 제일 밑에 있을 때

아이디어 C는 다음의 경우에 선택되었다.
24% : 목록의 제일 위에 있을 때
20% : 목록의 중간 근처에 있을 때
21% : 목록의 제일 밑에 있을 때

아이디어 D는 다음의 경우에 선택되었다.
23% : 목록의 제일 위에 있을 때
16% : 목록의 중간 근처에 있을 때
18% : 목록의 제일 밑에 있을 때

이들 예에서 보면 어느 경우든지 아이디어가 목록의 제일 위에 있을 때는 중간 근처나 제일 밑에 있는 경우보다 선택된 빈도가 더 높음을 알 수 있다. 평균적으로 선택안의 위치가 제일 위에 있는 경우는 중간에 있는 경우보다 6%, 제일 밑에 있는 경우보다 4% 정도로 더 선택되는 경향이 있다. 선택안이 제일 밑에 있는 경우는 그 영향이 확실하지는 않지만, 중간의 경우보다는 2% 정도 더 선택되는 경향이 있다. 이 같은 선택안들의 순서 효과(order effect)를 없애기 위해서는 선택안들을 다양한 순서로 구성한 카드를 사용하면 된다. 즉, 첫 번째 응답자에게는 첫 번째의 카드를 보여주고, 두 번째 응답자에게는 두 번째의 카드를 보여주고, 세 번째 응답자에게는 또 다른 카드를 보여주는 등의 순서로 각각의 카드를 보는 응답자를 같은 비율로 구성한다.

여기서 세 장의 카드가 사용되는 예를 보자.

"다음의 산업 중에서 기업들 사이에 경쟁이 가장 치열한 산업은 어느 것이라고 생각하십니까?"

카드 A	카드 B	카드 C
통 신	자동차	운 송
자동차	통 신	반도체
반도체	운 송	통 신
운 송	반도체	자동차

조사자는 이러한 접근법으로 위치에서 발생 가능한 효과들을 합리적으로 상쇄하였다고 확신할 수 있을 것이다. 여기서 세 가지 유형의 카드가 제시되기 때문에 꼭 세 가지 종류의 설문지가 필요한 것은 아니다. 선택안이 어떤 순서로 설문지에 적혀 있더라도 면접원들이 응답자에게 '첫 번째 것', '마지막의 것'이라고 대답하는 대신 완전하게 선택안의 내용을 읽어서 대답하도록 유도만 하면 되는 것이다.

그러나 일을 쉽게 하겠다고 해서 그림과 같이 카드의 선택안들에 번호를 붙이는 것은 좋은 방법이 아니다. 왜냐하면 보통 사람들은(응답자들은) 일반적으로 번호는 논리적인 순서를 나타낸다고 인식하므로, 이 경우에는 순서의 이미지를 심어 줄 가능성이 있기 때문이다.

2. 자 동 차
1. 통　 신
3. 운　 송
4. 반 도 체

그렇다고 일련의 숫자를 뒤섞으면 응답자들의 선입견을 수정해 줄 것이란 것은 결코 확실하지 않다. 오히려 뒤섞은 숫자들은 응답자들을 더 혼란스럽게 할 것이다.

선택안들의 통합적인 고려

카드에 나타난 선택안 이외에 응답자들이 고려할 수 있는 다른 선택안이 있는지를 살펴보는 것이 중요하다. 이것은 앞에서 설명한 선택안들이 질문에서 나올 수 있는 가능한 대답을 100% 포함해야 한다는 것을 의미한다. 만일 조사자가 선택안들을 통합시킨 부가적인 아이디어를 평가해 보고 싶으면, 그것을 목록에 넣어서 질문을 해보면 된다. 이렇게 해보면 놀랍게도 이전에는 그 선택안을 선정하지 않았던 많은 응답자들이 그 선택안을 택하는 것을 볼 수 있을 것이다.

노동 조합에 대해서 기금을 적립하여 근로자들에게 실업 수당과 의료 혜택을 주기 위한 두 개의 질문을 비교하여 보자. 첫 번째 질문은 세 개의 선택안으로 구성되어 있으며 기타란도 포함하였다.

"근로자들에게 적립금을 통해 실업 수당과 의료 혜택을 제공하는 계획을 수립하고 있습니다. 누가 이 기금의 관리를 맡았으면 좋겠다고 생각하십니까?"

카드	대답
정부	33%
노동조합	18%
회사	18%
기타	15%
무의견	16%

총 15%에 해당하는 사람들이 다음과 같이 세 가지 선택안 이외의 다른 선택안을 택하는 것이 옳다고 주장하였다.

"누가 기금을 관리해야 한다고 생각합니까?"

카드	대답	
정부	18%	
노동조합	4%	
회사	13%	
회사와 노동조합	18%	52%
회사와 정부	8%	
노동조합과 정부	5%	
정부, 노동조합, 회사	21%	
무의견	13%	

이 질문에서 기금의 통합적 관리를 선호하는 응답자가 15%가 있음을 볼 수 있다. 이러한 응답을 한 응답자들에게 의견을 개진할 수 있는 넓은 기회를 주기 위해서 다음과 같이 카드 위에 모든 가능한 안들을 모두 열거한 설문으로 변경하였다.

이같이 응답자의 의견은 조사를 어떻게 하는가에 따라서 약간씩은 변할 수도 있다. 그러나 첫 번째와 두 번째 질문에 대한 결과의 차이는 응답자가 고려하는 선택안 조합들을 명확하게 나타내 주지 못한 데서 비롯된다고 할 수 있다. 따라서 질문에서 선택안의 목록은 가능한 한 모든 범위를 포함할 수 있도록 명백해야 한다.

실제로 어떤 아이디어는 응답자들이 그 아이디어를 과소평가하기 때문이 아니라, 설문지 작성자들이 그것을 간과하거나 별로 중요하다고 생각하지 않아서 평가절하된다.

지배적인 의미를 나타내는 선택안의 문제점

한편 어떤 경우에는 선택안들을 카드에서 제외시키는 것이 타당한 경우가 있다. 특히 그 아이디어가 다른 아이디어보다 훨씬 지배적인 성격을 가지고 있어서, 두 번째의 아이디어가 그것의 존재로 인해 모호해지는 경우에는 그 아이디어를 빼는 것이 낫다.

예를 들면, 마케팅 조사에 있어서 가격 요소는 이러한 기준 때문에 종종 질문의 선택안에서 제외되기도 한다. 그것은 가격 요소가 마케팅에서 덜 중요하기 때문은 아니다. 자동차나 주택, 또는 다른 비싼 물건을 구입하는 경우에 가격 요소는 가장 중요한 요인이 된다.

그러므로 가격 선택안이 등장하게 되면 모든 응답자들은 이 선택안에서 눈을 떼려고 하지 않는다. 자유 응답형 질문의 경우에는 "가격을 제외하고, 당신은 ~"이라든지, 다지 선택형 질문을 할 경우에는 카드의 가격 요소를 선택안에서 제외시킨다. 물론 나중에 이것을 분석할 때 조사자는 이런 가격 요소가 설문지의 선택안에서 제외되었다는 사실을 명심하여야 한다. 만일 이것을 잊어버리면 조사 주제에 영향력이 있는 두 번째 요소가 첫 번째 요소로 되어버릴지 모르기 때문이다.

선택안들 간의 균형된 표현

다지 선택형 질문에서 선택안들 간의 상호 균형은 양자 택일형 질문에서와 마찬가지로 중요하다. 만일 비슷한 아이디어들이 나열되거나, 몇 개의 서로 밀접하게 관련된 아이디어들이 관련이 없는 것들과 서로 얽히게 되면, 응답자의 입장에서 볼 때 선택안들을 동일한 비중으로 평가하기가 어렵다. 따라서 조사 결과 역시 잘못된 평가로 이어질 가능성이 높아진다. 이를 명확하게 이해하기 위해서 극단적인 예를 한번 보자.

"귀하가 새로운 모자를 구입하신다고 하면 어떤 것을 제일 중요하게 고려하시겠습니까?"

카드

스타일
소재
잘 어울리는 것
외형
바느질, 마감

위 선택안들 중에 '스타일', '잘 어울리는 것'과 '외형'이라는 선택안은 실질적으로 같은 차원이다. 그러므로 이 질문은 동일한 세 개의 선택안과 나머지 2개의 선택안이 등장한 경우가 된다.

이와 같이 카드에서 비슷한 개념에 대해 설명한 선택안이 많아질수록, 카드 전체적으로 볼 때는 그 개념이 지배적인 위치를 차지하게 되어서, 응답자들이 그 범주에 속하는 대체안들을 선택할 가능성이 높아진다. 따라서 '외형'이라는 선택안만으로 가질 수 있었던 대답의 비율보다 훨씬 더 많은 지지를 받게 될 가능성이 높다. 그러나 동시에 '외형' 이라는 독립된 선택안은 그 자체의 입장에서 본다면 3지 선택의 질문을 한 경우보다는 덜 지지를 받는 셈이 된다.

Cantril과 Rugg(1944)는 응답자들이 균형을 잃은 선택안들로 인해서 한쪽 선택안에서 다른 쪽 선택안으로 응답을 옮겨 갈 수 있다고 지적하였다. 단어에 관한 연구에서, 그들은 첫 번째 질문에서는 2개의 상호 간섭적 영향이 있는 선택안을 넣고, 3개의 독립적인 선택안을 카드에 나열하고, 두 번째 질문에서는 4개의 상호 간섭적인 선택안을 넣고, 1개의 독립적인 선택안을 넣었다.

상호 간섭적인 영향이 있는 선택안에 대한 최종적인 지지도는 처음 질문에서 35%였으나 두 번째 질문에서 47%로 올라간 반면에, 독립적인 선택안은 첫 번째 질문에서 24%의 지지도를 보였으나 두 번째의 질문에서 7%의 지지도를 나타내었다.

선택안 실험	상호 간섭적인 영향이 있는 선택안	독립적인 선택안
첫 번째 질문	2개 (지지도 35%)	3개 (지지도 24%)
두 번째 질문	4개 (지지도 47%)	1개 (지지도 7%)

이러한 것들은 앞서 강조한 것처럼 선택안들이 상호 배타적이며 균형을 이루어야 한다는 것을 보여주고 있다. 다지 선택형 질문의 객관성을 이루기 위해서는 선택안들의 의미의 중복은 제거되어야 한다.

정도의 질문

이제껏 다지 선택형 질문의 다양한 형태에 관해서 보았는데, 이제부터는 질문의 정도에 따른 유형을 살펴보자.

TYPE A

a. 고바우 씨 같은 사람은 절대적으로 대통령이 되어야 되는 사람이다.
b. 고바우 씨가 대통령을 6년 더하는 것에 대해 약간의 문제점은 있지만, 대체적으로 찬성이다.
c. 고바우 씨가 많은 훌륭한 업적을 남겼지만, 나대로 씨에게 대통령직을 넘겨주는 것이 이 나라를 위해서 나은 일이라고 생각한다.
d. 고바우 씨가 대통령으로 또 유임된다는 것은 이 나라에 아주 나쁜 일이다.

이러한 방향에서의 접근법과는 달리 같은 응답자에게 다음과 같이 질문할 수 있을 것이다.

TYPE B

a. 나대로 씨는 다음 임기의 대통령으로 꼭 필요한 사람이다.
b. 비록 나대로 씨는 대통령으로서 많은 국가적 경험이 필요하지만, 그는 고바우 씨보다 더 일을 잘 할 것이다.
c. 나대로 씨가 유능한 젊은 지도자인지는 모르지만, 그는 대통령에 적합한 경험이 부족할 것이다.
d. 나대로 씨 같은 인물을 대통령으로 선출하는 것은 시기와 관계없이 국가적으로 불행한 일이 될 것이다.

응답자들이 지지하는 정도를 나타내는 질문은 본질적으로는 긍정적인 면과 부정적인 면을 다루게 된다. 따라서 이러한 유형의 질문은 그 두 가지 측면들을 각각 양쪽으로 늘려서 중립적인 안건을 포함하는 4개 내지 5개의 선택안으로 구성되어지게 된다.

이렇게 선택안이 늘어나게 되면 질문은 이제 더 이상 단순한 선택의 문제가 아니라 정도를 나타내는 것이 되어 버린다. 이 결과 응답자들은 결정을 내리는 데 더 많은 고민을 하고, 그로 인해 명확한 결정을 할 수 있다. 이와 같이 정도를 가늠해 주는 질문은 선택안을 넓히는 작용과 각각의 측면에서 확보한 지지자를 분류할 수 있게 해주는 두 가지의 장점이 있다.

그러나 한편으로는 조사 주제에 대해서 모든 선택안이 명확하게 언급되지 않으면, 강한 표현, 온건한 표현 등으로 이루어진 선택안들의 조합은 단순하게 "예-아니오"라고 만들어진 질문 결과와는 비율이 맞지 않을 수 있다.

1941년 5월 Gallup 조사에 따르면 미국 국민들은 여전히 독일과 이탈리아의 전쟁에 말려들지 않기를 원했는데, 66%의 사람이 반대를 한 반면에, 29%의 사람은 선전포고를 하기를 원했으며, 무응답은 5%였다. Gallup Poll은 다음과 같은 질문으로 전 국민에게 표본조사를 하였다.

"현 시점에서 미국은 다음 중 어느 정책을 따라야 한다고 생각하십니까?"

카 드	대 답
독일과 이탈리아에 대해서 전쟁을 즉각적으로 시작해야 한다.	6%
영국에게 가능한 한 모든 물자를 지원하고, 영국으로 이 물자를 수송하기 위해 미국 해군이 호송해야 한다.	36%
영국에게 가능한 한 모든 물자를 지원해야 하지만, 이를 수송하기 위해 미국 해군을 사용해서는 안 된다.	46%
영국에 대해서 더 이상의 지원은 중지해야 한다.	7%
다른 대답	1%
무응답	4%

위 조사의 결과, Gallup은 찬성에 대한 처음 두 개의 선택안에 대한 지지도인 42%와 세 번째와 네 번째 선택안의 지지도인 53%를 전쟁에 대한 찬성과 반대의 것으로 간주하지 않으려고 하였다. 그 이유는 세 번째의 선택안이 온건한 표현인 데 비해서 두 번째의 선택안은 강력한 행동을 암시하는 경향이 있기 때문이었다. 이렇게 표현으로 이루어진 선택안을 이용할 때는 문장의 뉘앙스를 잘 고려하여야 한다.

따라서 두 번째와 세 번째의 질문은 "전쟁에 참여하는 결과가 되더라도 영국에게 가능한 한 모든 물자를 지원해야 한다", "전쟁에 참여하지 않는 범위에서 영국에게 모든 물자를 지원해야 한다"가 되는 것이 바람직할 것이다.

정도를 나타내는 질문에서는 응답자들이 온건한 선택안을 많이 택하는 경향이 있기 때문에 선택안을 잘 분리해 주는 것이 중요하다.

이와 같이 정도형 질문은 대답의 깊이를 분석하는 목적과 응답자 의견의 다양함을 분석하는 두 가지 목적을 위해서 사용된다.

흔히 이런 결과를 얻기 위해서 두 단계의 질문을 이용하여 분석한다. 처음에는 조사 주제에 대한 찬반을 조사하며, 두 번째로는 감정의 심층 정도를 얻을 수 있도록 '전개' 시킨다. 따라서 이러한 방식을 전개형 질문(fold-over questionnaire)이라고도 한다.

참고문헌

Cantril, Hadley and D. Rugg(1944), *Gauging Public Opinion*, Princeton University Press.

Kraut, A. I., A. D. Wolfson, and A. Rothenberg(1975), "Some Effect of Position of Opinion Survey Items," *Journal of Applied Psychology*, 60. 774–776.

6 다양한 형태의 질문들

앞에서 설명한 자유 응답형, 양자 택일형, 다지 선택형 등의 세 가지 주요한 질문들이 서로 결합되어 사용되는 경우에 대해서 알아보도록 하자. 그러나 각각의 질문 유형으로 충분하다면 굳이 결합된 형식을 사용할 필요는 없다.

가상적인 브랜드

조사 주제에 대하여 응답자들이 얼마나 많이 알고 있는지를 알아보기 위하여 흔히 가상적인 브랜드나 가공적인 아이디어를 질문이나 카드에 넣는 방법을 사용하게 된다. 이때 상당히 많은 수의 응답자들이 가공적인 선택안을 대답한다. 특히 그 선택안들이 그럴싸하게 들릴 경우에는 이러한 현상이 더 많이 나타난다.

연구에 따르면 미국에서 존재하지 않는 '철강법'에 관한 질문에 대해 70%의 응답자가 들은 적이 있다고 대답하였으며, '이익' 개념에 관한 질문을 한 경우에도 연간의 재고를 기준으로 해서 이익을 계산한다고 대답한 응답자가 14%나 되었다.

"다음 브랜드의 침대 매트리스 중 어느 것이 가장 좋다고 생각하십니까?"

① 목화스폴　　② 대진썰타

③ 킹스베드(가상적인 상표임)　　④ 에이스실리

⑤ 삼익

설문지 구조가 잘 구성되면 가상적인 브랜드들은 응답자의 의식 속으로 자연스럽게 들어가게 되어, 실제로 존재하는 것처럼 소비자들의 대답으로 나오는 것을 볼 수 있다. 그러나 가상적으로 만든 선택안이 너무 표시가 나서 응답자들에게 이상하게 보인다든지, 너무 유사해서 기존의 브랜드와 혼란을 일으키지 않도록 해야 한다.

어떤 경우에는 가상적인 선택안으로 선정된 것이 일반인들에게는 잘 알려지지 않았지만 실제 회사의 등록된 상표나 제품일 경우도 있어서 사용할 수 없는 경우도 있다.

또 다른 경우에는 가상적인 브랜드가 어떤 특정 제품의 가장 적합한 이름으로 간주되어 기존에 있는 브랜드보다 훨씬 더 많이 선택되는 경우도 있다. 이런 종류의 아이디어는 기존에 행해지고 있는 광고뿐만 아니라, 아직 행해지지 않은 광고에 대해서 광고의 인지도를 조사하는 데 많이 사용된다. 즉 아직 광고되지 않은 것을 보았다고 하는 대답은, 기존의 광고를 평가하는 데 과장된 대답의 비율을 추정할 수 있도록 해준다.

이중적인 질문

일반적으로 어떤 아이디어에 대해서 하나의 질문으로 얻는 대답은 두 개의 질문으로 얻는 대답보다 얻어지는 정보의 양이 작다고 할 수 있다. 그러면 두 개의 아이디어에 대한 평가를 하려면 적어도 두 개의 질문을 해야 할 것인가? 꼭 그렇지도 않다. 이중 질문을 이용하면 이러한 문제를 해결할 수 있고, 물음표가 두 개로 나누어져 있지 않으므로 응답자의 연속적인 사고를 유도하여 조사 주제에 대한 연속적인 질문이 가능하다.

> "당신은 그 사람들 중에 키가 작고 날씬한 사람을 좋아합니까, 아니면 키가 큰 글래머를 좋아합니까?"

위 질문처럼 일상 생활에서도 이러한 판단을 요구하는 질문들은 종종 사용되지만, 이 추상적인 유형의 질문은 직접적인 질문보다 조금 모호하고 조건적인 대답이 나올 수 있을 것이다.

이러한 질문은 응답자가 각각의 요소인 키와 날씬함에 대해서 평소에 정확한 수치는 아니라고 해도, 일정한 평가 기준이 있는 상황에서 평가할 때 훨씬 대답하기가 수월해진다. 이와 같이 각 요소에 대해서 어느 정도의 평가치가 있는 경우에는 복잡한 구성의 질문이라도 비교적 쉽게 판단할 수 있다.

그러나 각 요소에 대한 평가 기준치가 없는 경우에는 두 개의 질문으로 분리한 경우보다 더 어려운 평가 과정을 거치게 된다. 또한 만일 어떤 상황에서 두 가지의 요소가 밀접하게 관련되어 있는 경우에는 이 두 요소를 같이 결합시켜서는 안 된다. 예를 들어 같은 회사에서 생산한 500리터 냉장고와 650리터 냉장고에 대해서 평가하는 질문을 한다고 가정하자. 냉장고의 크기는 가격과 매우 밀접하게 관련이 있다. 그러면 조사자는 질문을 할 때 가격 요소에 대해서 언급하지 않고, 500리터와 650리터를 비교 평가해서 어느 냉장고가 더 사용하기 편리한가 하는 비교 질문을 해야 할 것이다. 그렇지 않고 가격이 170만 원인 500리터 냉장고와 240만 원인 650리터 냉장고 둘 중에 어느 것이 사용하기가 편리한지를 묻게 되면, 가격 요인이 전체적인 평가에 결정적인 영향을 미칠 수가 있을 것이다.

하나의 질문을 하는 것보다 분리해서 질문하는 경우가 더욱 바람직한 또 다른 예를 보자. 설문지의 간편성을 추구하면서 종종 문제점으로 지적되는 것은 분리되어 질문되어야 할 내용들이 한꺼번에 질문되는 경우가 많다는 점이다. 이 결과 응답자들은 실제로 두 개의 질문에 하나의 대답을 하는 경우가 발생하는 것이다. 다음과 같은 예를 살펴보자.

정부는 적자가 나는 20개 철도 노선을 중소기업에게는 매각하지만 대기업에게는 매각하지 않겠다는 것을 입법화하려고 합니다. 귀하는 여기에 찬성합니까, 반대합니까? ( )

① 찬성한다. ② 반대한다.
③ 모르겠다.

질문에 대해서 "찬성한다"라고 대답한 응답자는 중소기업에 적자 노선을 매각하는 것을 받아들인다는 것을 의미한다. 그러나 "반대한다"라고 대답한 응답자들은, 첫째로 "대기업이나 중소기업을 막론하고, 적자 노선을 매각한다는 자체를 반대한다"는 의미를 나타내기 위해서 반대한다고 이야기할 수도 있고, "적자 노선을 중소기업에 매각한다는 것을 반대한다"는 것을 나타내기 위해서 반대한다고 할 수도 있다. 또한 마지막으로 "경영 능력이 있는 대기업에 적자 노선을 매각하지 않는 것을 반대한다"는 의미로 반대를 표시할 수도 있을 것이다. 그러므로 다음과 같이 질문을 변경하는 것이 바람직할 것이다.

귀하는 적자가 나는 20개의 노선을 중소기업에 매각하는 것에 대해서 어떻게 생각하십니까? ( )
① 찬성한다. ② 반대한다.

귀하는 적자가 나는 20개의 노선을 대기업에 매각하는 것에 대해서 어떻게 생각하십니까? ( )
① 찬성한다. ② 반대한다.

또는 다음과 같이 선택안들을 자세하게 표현하는 것이 오히려 바람직할 수 있다.

다음 중에서 적자가 나는 20개의 철도노선을 중소기업과 대기업에 매각하는 것 중 가장 좋은 선택안은 어느 것이라고 생각하십니까? ( )
① 적자 노선을 중소기업과 대기업에 매각하는 것을 반대한다.
② 적자 노선을 중소기업에 매각하는 것을 반대한다.
③ 적자 노선을 대기업에 매각하는 것을 반대한다.
④ 적자 노선을 중소기업에 매각하는 것을 찬성한다.
⑤ 적자 노선을 대기업에 매각하는 것을 찬성한다.

평소에 잘 사용하지 않는 숫자들

대부분의 사람들이 보통 큰 숫자들에 대해서 감이 없는 경우가 많다. 이러한 사람들에게 천만, 10억, 100억 등의 숫자는 무한정 크다는 느낌을 줄 뿐이다. 그러나 가끔씩 응답자들의 판단을 조사하기 위해서는 이 같은 큰 숫자로 묻는 것이 바람직할 경우가 있다. 응답자들이 쉽게 규모를 가늠할 수 없는 큰 회사의 조사 시에 질문 속에 이용하는 것도 하나의 방법이다.

일반인들은 현대 그룹을 아주 큰 회사로 인식하고 있는데, 설문지상에서 "얼마나 큽니까?"라고 물었다고 하자. 판매와 자본 둘 다 엄청나게 큰 숫자이고, 고용된 종업원의 수조차 금방 이해하기 어려운 크기이다. 다음의 예에서와 같이 어떤 회사의 크기를 묻는 질문을 최종적으로 종업원의 수로 추정하기로 했을 때, 기업의 규모와 대략적인 종업원의 수를 잘 알고 있는 기업과 관련지어서 질문을 할 수 있다.

"그 회사의 종업원의 수는 다음 회사 중 어느 것과 가장 비슷하다고 생각하십니까?"

① 현대자동차	48,000명	② 대우 조선	9,000명
③ 현대 건설	4,500명	④ 롯데백화점	6,900명

이같이 잘 알려진 기업과 종업원수를 결합시켜서 선택안으로 제시하는 이유는 대부분의 응답자들이 숫자, 혹은 4개의 회사에 대한 일반적인 느낌만을 가지고 이 질문에 대답을 하기란 쉬운 일이 아니기 때문이다.

부가적인 질문

"또는 무엇이 있겠습니까?"라는 표현은 양자 택일형 질문의 뒤나 다지 선택형 질문의 뒤에 붙여서 자유 응답형 질문과 혼합된 형태의 질문으로 전환시킬 수 있다.

"방금 대답하신 것에 대해서 조금 더 말씀해 주시겠습니까?"
"생각하고 계신 것에 대해서 조금 더 말씀해 주실 수 있습니까?"
"예, 알겠습니다. 예를 (한 가지) 들어 주시겠습니까?"

위의 추가적인 질문들은 모든 응답자에게 질문할 수도 있고, 몇몇 소수의 사람들에게 무작위로 질문을 할 수도 있다.

이런 추가적인 질문은 첫째, 응답자들이 대답을 하는 데 있어서 특별히 어려움을 느끼는 항목을 정확히 집어 낼 수 있고, 둘째, 설문지 내용을 잘 이해하지 못하고 있는 응답자를 가려냄으로써 연구에 영향을 미칠 수 있는 요인을 제거하거나 줄일 수 있다. 셋째, 조사 결과에 대한 해석을 할 때 도움을 줄 수 있다. 그러나 한편 이런 질문은 자칫 잘못된 결론으로 이끌 수도 있다.

"이익이라고 언급할 때 당신은 판매량에 대한 이익을 뜻합니까, 경영에 투자된 자본에 대한 이익을 말합니까, 1년간의 재고 결산에 의한 이익을 뜻합니까, 아니면 무엇을 의미하는 것입니까?"

위의 질문에 대해서 맞는 두 가지의 대답은 이익은 판매 기준과 투자 기준에 의한 것이다. 그러나 부가적인 질문을 하게 되면 응답자들의 머리 속에 있는 또 다른 의견을 표현할 수 있는 기회를 제공하게 된다. 이 경우에 추가 질문은 질문에서 제시된 세 가지의 선택안 범주에서 응답자의 의견을 벗어나게 만드는 출구 구실을 하기도 한다. 따라서 응답자들이 이런 유형의 질문을 자유 응답형 질문의 대답처럼 받아들인다면 응답자는 질문에서 제시된 선택안이 별로 중요하지 않은 것으로 잘못 해석할 가능성이 있다.

연속적인 질문

연속적인 질문을 이용하여 응답자의 판단을 하나씩 다시 분석하면, 어떤 경우에는 응답자들의 대답이 앞의 대답과 상충되는 경우가 있음을 발견할 수 있다.

"당신은 호박전을 좋아합니까, 아니면 고기를 잘게 썬 빈대떡을 좋아합니까?"

빈대떡 60% 호박전 30% 무의견 10%

"당신은 빈대떡 중에서 뜨거운 것을 좋아합니까, 혹은 차가운 것을 좋아합니까, 아니면 뜨거운 것만 먹습니까?"라는 질문을 빈대떡을 좋아한다고 대답한 60%의 응답자들에게만 질문한다고 하자.

차가운 것, 뜨거운 것, 어느 것이나 좋아한다.	40%
뜨거운 것만 좋아한다.	10%
무결정	10%

"당신은 진짜로 빈대떡을 좋아합니까, 아니면 주문하면 빨리 나오는 호박전을 택하겠습니까?"라는 질문을 차가운 것이든 뜨거운 것이든 빈대떡을 좋아한다고 대답한 40%의 응답자에게 질문을 하였다.

정말로 고기를 잘게 썬 빈대떡을 좋아한다.	15%
빨리 나오는 호박전을 선택하겠다.	15%
무의견	10%

60%에 해당하는 대부분의 사람들은 호박전보다 고기를 잘게 썬 빈대떡을 좋아한다고는 하지만 그중 15%의 응답자는 실제로는 고기를 잘게 썬 빈대떡을 좋아하지 않는 것으로 나타났다. 이와 같은 연속적인 질문을 통한 선택안 제거방식은 응답자들의 의견이 비교적 확고한 경우에만 사용하는 것이 바람직하다.

이와 같은 방법을 통해서 선택안을 제거하려면 한쪽 선택안만을 분해해 나갈 것이 아니라 양쪽을 다 분해해 나가야 한다. 위와 같은 예에서는 처음에 호박전을 선택한 응답자들에게 연속적인 분해 방식의 질문을 하여 응답자들이 얼마나 확고하게 그들의 선호를 지지하는가 하는 것을 검증하여야 한다.

그 분야에 가장 ~ 한 것은 무엇입니까?

"그 분야에 가장 ~ 한 것은 무엇입니까?"라는 접근법은 조사 대상들의 상대적인 평가에 유용하게 사용될 수 있다. 이런 질문들을 통해서 각각 회사에 대한 상동적 현상(stereotype)이나 회사에 대한 대중적인 이미지를 알 수 있다. 예를 들면 갑 회사는 봉급이 높고, 을 회사는 인사 적체로 일할 만한 직장이 못 된다는 것 등이다.

응답자들은 그들이 제일 잘 아는 회사의 모든 속성에 대해서 무엇이든 긍정적인 평가를 하는 경향이 있다. 그렇기 때문에 이 접근법을 질문에 적용하기에는 심각한 문제점이 있는 것으로 지적되어 왔다. 어떤 특별한 경우 규모가 작은 회사라 할지라도 많은 사람들에게 언급된다거나, 주목받을 만한 특성을 가지고 있는 경우에는 사정이 다르지만, 보통 잘 알려져 있지 않은 회사는 좋지 않은 평가가 나오기 때문이다.

Barlow와 Payne(1949)의 연구 중에 "가장 ~ 한 기업은 어떤 기업이다"라는 유형의 질문을 6개 지역의 48개 기업에 대해서 조사한 결과를 보자. 그 연구는 "다른 조건이 다 동일하다면 기업의 이름이 사람들에 의해서 언급되는 비율은 그 기업이 고용하고 있는 종업원의 수와 밀접한 관계가 있다"는 가정을 검증하기 위한 것이었다.

다음의 첫 번째 열은 지역 거주민들이 4개의 회사 중에 가장 좋은 직장으로 대답한 비율이다. 앞 열과 비교를 위한 두 번째의 열은 각 회사의 종업원들의 비율이다. A회사는 B회사보다 크기가 4배나 크고, C회사보다 15배나 크고 D회사는 4개의 회사 중 단지 1%에 해당하는 종업원을 가지고 있다.

	가장 좋은 직장이라고 대답한 비율	종업원의 분포
A 회사	79%	74%
B 회사	16%	20%
C 회사	4%	5%
D 회사	1%	1%
합 계	100%	100%

그러나 둘째 열과 비교하면 지역 사회에서 회사의 상대적인 크기를 고려한 기대치에서 단지 5%만이 상향된 평가를 받은 것을 알 수 있다. 다른 지역에서 6개의 회사를 대상으로 같은 질문을 한 경우를 보자.

	가장 좋은 직장이라고 대답한 비율	종업원의 분포
E 회사	70%	75%
F 회사	12%	10%
G 회사	9%	5%
H 회사	5%	5%
I 회사	2%	2%
J 회사	2%	2%
합 계	100%	100%

두 번째 지역에서는 위의 예에서 나타난 것과 같이 E회사가 제일 좋은 직장으로 많이 언급되는 것을 볼 수 있는데, 이것은 위에서 나타난 종업원의 수보다는 응답이 덜 나왔다. 다른 한편으로 G회사는 종업원의 수를 고려하면 작은 회사인데 다른 상황이 다 동일하다면 기대되는 빈도보다 훨씬 높게 언급되는 것을 알 수 있다. 그러므로 지역 사회의 기업에 대한 평가는 큰 기업의 이름을 대답하는 응답자들의 선입견을 고려해서 수정되어야 한다.

즉 이러한 응답자들의 경향을 종업원의 수, 투자의 크기, 판매액 혹은 판매 항목 등 다른 적정한 측정 도구들을 이용하여 수정해 주어야 한다.

5차원 디자인

George Gallup은 '5차원적 설문 디자인 계획' 이라는 질문들의 조합을 통하여 대부분의 핵심적인 의견이 가지고 있는 특징을 탐색할 수 있다고 하였다.

응답자에 대한 조사 주제를 심화시키는 방법으로, 첫째, 조사 주제에 대한 인지도(awareness)와 관련된 응답자의 지식을 자유 응답형 질문으로 확인하여야 하며, 둘째, 태도(attitude)에 영향을 미치지 않도록 자유 응답형 질문에 의해 점차적으로 전개되어야 하며, 셋째 조사 주제에 대한 특정한 태도(specific attitude)는 양자 택일형 질문이나 다지 선택형 질문에 의해서 밝혀져야 하며, 넷째, 태도의 뒤에 있는 논리적 추론(reasoning)은 이유를 묻는 자유 응답형 질문으로 탐색되어야 하고, 마지막으로 대상에 대한 느낌의 강도(intensity)를 조사하는 과정으로 진행하게 된다.

Gallup 박사는 "의사 진행 방해(filibustering)" 에 대해서 5차원 디자인을 적용하였다.

1. 당신은 국회에서 의사 진행 방해가 무엇을 의미하는지 말씀해 주실 수 있습니까? (지식을 묻는 자유 응답형 질문)
2. 만일 의사 진행 방해에 대해 국회는 무엇을 해야 한다고 생각합니까? (태도를 묻는 자유 응답형 질문)
3. 현행 제도에서 2/3의 찬성 대신에 단순 과반수로 발언을 끝내도록 요구를 할 수 있도록 그 규칙을 바꾸자는 것이 상원에 제기되었는데, 당신은 이러한 변경에 대해서 찬성합니까, 반대합니까? (양자 택일형 질문)
4. 왜 당신은 이같이 생각하십니까? (이유를 묻는 자유 응답형 질문)
5. 그런 당신의 의견은 어느 정도입니까? –매우 강하다, 어느 정도 강하다, 전혀 강하지 않다. (정도를 묻는 질문)

5차원 디자인의 중요한 공헌은 의견에서 5개의 핵심적인 요소를 정형화했다는 것이다. 그러나 목적에 따라서는 하나의 질문으로도 충분한 경우가 있고, 가끔씩은 주제가 너무 복잡해서 6개가 넘는 질문으로도 모자라는 경우가 있기 때문에 맹목적으로 5차원 디자인을 따를 필요는 없다.

그렇지만 조사 주제에 대한 인식과 친근도, 개인적인 태도의 표현, 특별한 태도의 제시, 이런 의견들에 대한 이유, 그 의견의 정도 등 5차원 디자인의 5개 요소를 차례대로 사용하게 되면 응답자의 머릿속을 차례로 볼 수 있는 기회를 가지게 된다.

참고문헌

Barlow, Walter G. and Stanley L. Payne(1949), "A Tool for Evaluating Company Community Relations," *Public Opinion Quarterly*, Vol.21(Fall), p.405.

7 대답을 이끄는 마력을 가진 질문들

법정에서 검사가 피의자를 심문하듯이 응답자들에게 결론으로 이끌고 싶은 방향으로 질문을 유도하는 경우가 종종 있다. 또한 결국 많은 경우에 이러한 질문은 설문을 작성한 사람이 원하는 결론에 도달할 수밖에 없다. 한편으로는 종종 조사자가 의도하지 않았음에도 불구하고 어떤 질문들은 응답자를 특정한 방향의 결론으로 유도하는 경우도 있다.

조사자가 의도하였건 의도하지 않았건 간에 이러한 질문을 "질문에 부하(load)가 걸린" 또는 "결론으로 이끄는 질문(leading question)"이라고 한다. 이런 질문들의 특징은 같은 조사 주제라고 하더라도 다른 단어를 사용하였다면 다른 결론에 이를 수도 있다는 것이다.

이러한 질문들은 암시적인 선택안들이나 응답 쇼 카드의 숫자들, 그리고 비밀을 누설하는 듯한 느낌을 주는 단어들에 의해서 영향을 받게 된다.

이러한 문제점이 있는 질문은 어떤 특정 방향으로만 영향을 줄 수도 있고, 혹은 반대 방향으로 비중이 주어질 수 있으며, 어떤 경우에는 두 방향으로 균등하게 영향을 줄 수도 있다. 그러나 어떤 설문 작성자들은 사전 설문 테스트에서 이런 문제점들에 대해서 별다른 신경을 쓰지 않는 경향이 많다.

어떤 조사 설문지이든지 "'질문에 부하(load)가 걸린' 내지는 '결론으로 이끄는 질문(leading question)'을 완전히 제거할 수 있나?"라는 질문을 한다면 대답은 "아니오"이다. 어떤 질문에서도 어느 정도는 이러한 경향이 있다. 왜냐하면 질문들은 어떤 측면에서든 편기(bias)가 있기 때문이다.

한 연구에서는 전체 응답자들을 두 집단으로 구분하여, 첫 번째 집단에는 "그 영화는 얼마나 길었습니까?"라고 묻고, 두 번째 집단에는 "그 영화는 얼마나 짧았습니까?"라고 물었다. 이 결과 첫 번째 질문에 대답한 응답자의 평균 응답 시간은 130분이었고, 두 번째 집단의 응답은 100분으로 나타났다.

이렇게 결과가 다르게 나타난 배경에는 전자의 질문이 영화가 길었다는 데 그 주안점이 있는 반면에 후자의 질문은 짧았다는 점에 주안점이 있기 때문이다. 이러한 경우에는 "그 영화는 몇 분 동안 상영되었습니까?"라는 질문을 하여야 정확한 응답을 얻을 수 있는 것이다.

다른 질문을 예로 들면, "귀댁에서는 LG전자 TV를 보유하고 있습니까?"라는 질문을 하면, "귀댁에서는 어떤 브랜드의 TV를 보유하고 있습니까?"라는 질문보다 LG전자 TV를 보유한다고 대답할 가능성이 높아진다. 즉 응답자들은 특정한 기업이나 브랜드에 대하여 조사한다는 것을 알게 되면, "좋은 게 좋은 것"이라는 사고방식으로 "나쁘다"는 평가를 자제한다. 따라서 이러한 경향은 설문지를 작성하는 과정에서 설문 작성자들이 빠질 수 있는 매우 위험한 함정이 되는 것이다.

왜 이런 일이 일어나는가?

이러한 영향력은 질문을 할 때마다 질문 그 자체가 만들어 낸다고 해도 과언이 아니다. 왜냐하면 응답자들은 외부에서 정보를 얻을 때마다 기존의 정보들과 비교 평가 과정을 거쳐서 다시 정보를 재구성하기 때문이다.

시인은 이렇게 묻는다. "그리고 6월의 날은 왜 이렇게 짧은가?" 아마 일반인들은 이 시를 읽기 전까지는 6월의 날들이 짧다고 생각하지 못했을 것이다. 더구나 6월의 날들은 실제적으로 2월에 비해서 6%가 더 있다. 그럼에도 불구하고 독자들은 시인 자신이 가지고 있는 가정에 대해서 전혀 반박할 생각을 가지지 않는다. 그리고 한술 더 떠서 그것에 대해서 수긍을 하면서 계속 읽어가는 것이다.

"당신은 좋다고 느끼십니까?"
"당신은 무엇인가를 남겨두지 않았습니까?"

이 각각의 질문들은 응답자들이 질문을 받기 이전까지는 생각하지 못한 주제에 대해서 물어보기 때문에 응답자는 자신의 감정이나 반응, 행동들이 이러한 질문에 의해서 전적으로 영향을 받을 수 있다.

의사의 경우 어떤 환자에게 단지 그들의 느낌이 어떤가를 물어보는 몇 개의 의도된 질문만으로도 병에 대한 징후에 대해서 금방 알아낼 수 있다. 이같이 의도된 질문은 의도된 대답을 가져올 수 있으며, 많은 상황에서 이러한 현상이 나타나는 것을 알 수 있다.

Leo Crespi(1948)는 질문들이 그 자체만으로도 교육적 힘을 가지고 있다고 지적한다. 즉 응답자들은 어떤 결말들에 대해서 두 번째 질문을 받을 때는 첫 번째 인터뷰 결과와 다르게 대답하는 경향이 있다. 이것은 조사 방법론에서 시험 효과(testing effect)라고 하는 것인데, 이렇게 본다면 첫 번째의 질문이 그들의 지식이나 태도를 변화시키는 힘이 있는 것이다.

나머지 사람들은 어떻게 생각하나?

조사자들은 의견 조사(opinion survey)를 할 때 일반 대중들이 지금 생각하고 있는 것이 무엇인가를 조사하게 되는 것은 아닐 수 있다는 점을 명심해야 한다. 엄밀하게 보면, 종종 의견 조사에서 질문을 받은 응답자는 그때부터 생각하기 때문에, 결국 응답자가 무엇을 생각할 것인가를 조사한 결과가 되는 것이다. 따라서 이 결과로 표본 응답자들은 모집단이 생각하지 못하고 있는 것에 대한 의견을 나타내도록 하는 형태가 되어 버리고, 그 즉시 그들은 표본의 대표성을 상실하게 되는 것이다.

이렇게 되면 설문지에서 어떤 특정한 주제를 도입하는 것도 그 즉시 외부적인 영향이 개입되게 되는 것이다. 예를 들어 누가 한국 시리즈에 진출할 것인가 하는 것은 야구팬들에게는 적절한 질문이 될 수 있지만, 나머지 사람들은 그때부터 여러 요인들을 고려하거나 특정한 단서를 이용해서 추측하는 인지적 과정을 시작하게 되는 것이다.

만일 어떤 조사자가 "이번 중간 시즌의 결과를 예측해 보세요"라고 면접 대상자에게 요구한다면, 그는 아마 좋아하는 팀이 당시의 성적이 꼴찌이더라도 그 팀 이름을 면접원에게 자신있게 말할지 모른다.

혹은 팀들의 성적을 모르더라도 야구는 보통의 남자들이 관심 있어 하는 중요한 스포츠 종목이기 때문에, 만일 야구에 대한 의견을 말하지 않으면 수치스럽다고 느낄 수도 있다. 따라서 평소에 누가 코리안 시리즈에 이길 것인가에 대해서는 아무 생각이 없더라도 응답자의 입장으로서 ○○팀이 이길 것이라고 생각해 낼지도 모른다.

이런 식의 의견 조사는 우리 주변에서 늘 행해지고 또 결과는 중요하게 매스컴을 통해서 발표되고 있다. 단순하게 아는(aware) 수준인지 아니면 더 깊은 지식을 가지고 있는지를 캐내는 질문들은 응답자들이 약간의 허풍으로 대답한 수치를 수정하는 데 도움이 될 것이다. 즉 더 자세한 질문들을 통해 과대하게 평가

된 대답들의 비율을 줄여나갈 수 있는 것이다.

그러나 조사 주제가 현재 모든 매스컴을 통해서 널리 알려져 있는 상황이거나, 대부분의 사람들이 토론하거나, 많은 사람들에게 직접적인 영향을 주는 "현안적인 주제", "잘 언급되는 주제"에 대해서는 사람들이 현재 생각하는 것에 대해서 조사할 수 있다.

확신과 추측

사실 대중들의 의견이 분분한 주제에 대해서 질문하는 것은 무관심한 주제에 대해서 질문하는 것보다 그들이 생각하는 내용을 보다 정확하게 이끌어 낼 수가 있다. 일반적으로 사람들은 강한 확신을 가지고 있는 것에 대해서는 매우 일관적인 대답을 한다. 즉 질문 자체의 문제로 인해서 대답이 변할 수 있는 다소간의 소지가 있더라도, 만일 사람들이 확실하게 주제에 대해 파악하고 있다면 몇 가지 질문을 통해도 대답은 거의 동일하게 나올 것이다.

그러나 응답자들의 의견이 어떤 결론에 이르지 못한 주제에 대해서는 설문지에서의 진술에 따라 한쪽에서 다른 한쪽으로 응답이 변할 수 있다. 물론 모든 사람이 강한 확신을 가질 수 있는 주제는 극히 드물다. 그리고 천성적으로 의견을 표현하는 데 있어서 다소간 미적거리는 경향이 있는 사람도 많다.

따라서 이와 같이 설문지 외부에서 미치는 영향력은 어느 정도 있기 마련인데, 문제는 어떻게 이 영향력을 최소화할 것이며, 또 어떻게 하면 외부적인 영향력을 균형이 되도록 할 것인가이다.

바람직한 측면으로 힘이 실려지는 것

질문에 영향을 미칠 수 있는 모든 종류의 외부 영향을 비난할 필요는 없다. 가끔씩은 단어 자체를 이해하는 과정에서 응답자들에게 좋은 방향으로 영향을 미칠 수도 있기 때문이다.

예를 들어 "119 구조대", "적십자사", "혈액 은행" 등은 그 자체가 응답자들에게 좋은 선입견을 주게 되어, 응답자들은 이런 영향하에서 질문에 임하게 된다. 조사를 위해서는 일단 응답자들에게 어떤 대상에 대한 관점을 갖도록 한 후에 질문을 실시하여야 하기 때문에 어떤 경우든지 이러한 편의는 발생하게 된다. 따라서 이를 줄이기 위해서는 표본분할기법(split-ballot technique)이라는 것을 이용하게 된다. 즉 한 집단에 이렇게 질문을 하고 또 다른 집단에 대해서는 다른 질문을 해서 나온 조사 결과를 보며 그 차이를 비교해 보는 것이다.

만일 도덕적인 이유에서, 혹은 그 질문 자체가 일정한 방향성이 있음을 알고 그 효과를 잘 아는 상태에서 질문이 행해지게 되면 그것에 대해서 왈가왈부할 사람은 없을 것이다. 그러나 편의될 가능성이 있는 질문들을 하는 이유가, 대중의 의견을 왜곡시키기 위해서 과거나 또는 질문을 작성한 조사자가 그런 견해가 옳다고 믿으면서 조사를 하게 된 경우에는, 조사 결과가 진실을 오도하거나 조사의 방향을 바꾸어 엉뚱한 결과를 가져오게 될 것이다.

지금 이대로가 좋다

응답자들은 일반적으로 현재의 상태에 대해서 우호적으로 평가하려는 성향을 가지고 있다. 예를 들어 법을 개정하려는 내용의 제안은 대중들에게 별로 주의를 끌지 못할 수 있다. 그러나 만일 법이 바뀌어 실행되면, 갑자기 개정 이전 법에 대한 우호적인 응답 비율보다 개정된 법에 대한 우호적인 의견이 늘어나는 것을 볼 수 있다.

이렇게 현상태에 대해서 우호적인 태도를 나타내는 응답자들의 타성은 정신적인 요소뿐 아니라 물리적인 요소이기도 하다. 예를 들면 개당 완성급의 임금을 받는 근로자들은 그 제도를 원하는 반면에 시간당으로 임금을 받는 근로자는 시간당 급여를 선호한다.

이같이 현재의 상태를 강조하는 질문들은 사실을 있는 그대로 받아들이려는 응답자들의 강한 성향을 잘 이용할 수 있는 장점이 있다. 그런 질문도 역시 '질문에 부하(load)가 걸린' 또는 '결론으로 이끄는 질문(leading question)' 으로 보는 것이 옳을 것이다.

"당신이 아는 바와 같이"
"현행 법률에 따르면"
"~ 지금과 같이 ~"
"~ 뭐 꼭 바꾸어야 합니까? ~"

이러한 표현들은 모두 지금 있는 상황에 대해 주의를 환기시키게 되고, 대안들이 현재의 것들에 비해서 특별한 우위가 없는 경우에는 거의 확실하게 응답자들로 하여금 찬성하도록 이끌어낸다.

위와 같은 질문에서 "현재의 상태"를 지적하는 단어들은 기존의 사실들을 정당화시키는 역할을 한다고 주장되어 왔다. 그러나 반대로 현재의 상태를 지적하는 단어는 이미 많은 사람들이 받아들이고 있는 기정 사실들을 언급한 데 지나지 않고, 조사 주제가 가지고 있는 장점에 대한 평가 강화에는 영향을 미치지는 못한다는 반박이 있어 왔다.

그러나 조사 주제에 대해서 대부분의 사람들이 이미 알고 있다고 한다면, 그

것이 질문에 언급되었는지 언급되지 않았는지는 중요한 문제가 아니다. 그리고 질문 과정에서 현재의 내용과 비교하게 된다면 평가할 수 있는 기준인 현재 상태를 알려줄 수밖에 없는 문제점은 있다. 따라서 이 문제점은 표본분할기법을 이용하여 검토할 수 있을 것이다.

잘난 체하는 대답들

흔히 조사를 하는 과정에서 응답자의 대답을 자칫 오류로 이끌 수 있는 요소로서 설문 자체의 문제가 아니라 응답자 자체의 문제점을 들 수 있다. 권위에 대한 인간적 욕망이 바로 그것이다. 대부분의 사람들은 그들의 지식, 경험, 명예와 관련된 것을 다른 사람들에게 드러내 보이고 싶어한다.

따라서 응답자들은 진지하지 않게 말할 수도 있고, 토론하는 것처럼 질질 끌 수도 있고, 또 어떤 응답자는 면접원에게 질문을 할 정도로 면접원의 일에 흥미를 보이게 되어 거꾸로 면접원들이 조사와 관련된 여러 내용들을 설명해 주게 되는 경우도 있다. 이렇게 되면 당연히 조사 결과에 영향을 주게 된다.

보통 사람들은 자신의 친구들에게 자랑스레 이야기하기를 원하지만 친구들은 자신을 이미 잘 알기 때문에 잘 먹혀들지 않는다. 따라서 안면만 있는 사람이라든지 그다지 잘 모르는 사람들에게 과시하는 경향이 있다.

보통의 조사에서 개별 면접은 응답자들의 의견을 받아 적게 되어 자연스럽게 면접원들에게 응답자 자신을 과시할 수 있는 기회를 주게 된다. 조사 결과는 응답자 개개인별로 처리되지 않는다고 강조해도 응답자들은 호의적인 태도를 보이게 된다.

어쨌든 조사 결과들을 보면 응답자들이 사실과는 다르게 과시하려는 욕망이 결과에 나타나는 것을 알 수 있다. 응답자들은 그들의 직업의 직위나 명칭에 대해서 실제적인 중요성보다는 과장되게 대답하는 것을 볼 수 있다. 특히 교육 수준에 대한 질문은 상당수 이런 과장된 대답을 하는 것으로 나타난다. 예를 들면, 초등학교 학부모회에 나오는 어머니들의 거의 대부분은 이름만 들어도 아는 여자 대학교를 나온 것으로 밝히지만 그것이 진실인 가능성은 매우 낮다.

또한 자동차 보유와 관련된 질문도 그런 반응을 보인다. 상당수의 여자들은 또한 그들의 나이를 낮추어서 말한다. 수입이 낮은 사람들은 그들의 수입을 종종 높여서 대답하기도 한다. 그러나 반대로 높은 수입을 올리는 사람들은 그들의 수입을 줄여서 대답하기도 한다. 사람들은 사회적으로 잘 알려진 잡지를 구독하고 책을 읽었다고 서슴지 않고 이야기한다. 그리고 야한 잡지 등 사회적으로 제재를 받는 책에 대해서는 구독하고 있지 않다고 흔쾌히 대답한다.

한편 TV나 라디오 시청자들도 이와 비슷한 반응을 보인다. 이러한 경향은 구두나 셔츠의 브랜드나 맥주의 브랜드 등에서도 나타나는데, 좋은 브랜드라고 인식되는 제품의 구매 빈도는 과장되게 대답하고, 그렇지 않은 브랜드의 구매 빈도는 실제 판매액보다 적게 결과가 나온다.

10% 이상의 많은 응답자들이 질문에 대해서 과장된 대답을 하는 경향을 보이고, 이는 위신과 관련이 있다.

체면을 세우려는 대답들

투표권이 없는 사람들 중 많은 수가 지난번 선거에서 투표를 했다고 대답하기도 한다. 또한 저번 선거에서 누구를 찍었는지 물어보면 투표권이 있든지 없든지 "당선된 그 후보"를 찍었다고 허풍 주장을 하는 경우도 종종 있다. 이러한 현상을 선거 조사자들 사이에서 "당선자 지지 성향(past preference build-up)"이라고 하는데, 당선된 후보자에 대한 지지율을 조사해 보면 실제 선거에서 나타난 지지율보다 높게 나타나는 현상을 의미한다. 즉 그 후보에게 투표했다고 하는 사람을 모두 더하게 되면 실제로 받은 지지율을 훨씬 상회하는 현상이 나타난다.

미국에서 선거에서의 투표와 관련해 과장 응답에 대한 사례를 살펴보면, 투표 행위와 관련된 조사 자료를 실제 투표 기록과의 대조를 통해 확인조사(validation study)를 해본 결과, 투표하지 않고서도 투표를 했다고 허위응답을 한 사람의 비율이 적게는 20%에서 많게는 30%에까지 이르는 것으로 나타났다.

이러한 거짓 또는 과장 응답(over reporting)은 면접자와 단둘이 만나 조사에 응할 때에도 일어날 수 있다. 초면인 면접자에게 체면을 잃지 않으려는 생각이 작용하기 때문이다. 이러한 과장 응답 또는 거짓 응답은 면접 조사 시 옆에 제3자가 있을 때 그 가능성이 더욱 커질 수 있다.

National Opinion Research Center(NORC)가 1975년 전국 규모 조사 때 면접원들에게 제3자를 물리고 면접을 진행토록 특별지시를 했었는데, 그럼에도 불구하고 제3자가 있는 상황에서 행해진 면접이 전체 면접 중에서 26%나 되었던 것으로 알려져 있다. 제3자에 관한 특별지시를 했는데도 이런 정도라면 그런 지시가 없는 대부분의 조사에서는 제3자가 옆에 있을 가능성이 훨씬 높을 것으로 짐작된다.

Kinsey 보고서에서 이러한 체면 치레로 인해서 응답자들이 사회적으로 금기시되는 섹스 활동을 하면서도 보통의 섹스 활동을 하고 있다고 대답하려는 경향이 있고, 따라서 면접하는 데 매우 어려움이 있다고 적고 있다.

한 심리학자의 연구에 따르면 두 집단으로 나눈 여성들을 초현대식의 편안한 대기실과 16세기 유럽 궁정풍의 대기실 중에서 선택해서 있으라고 한 결과, 많은 여성들이 초현대식 대기실에 있었다. 그 이유는 단지 편안하기 때문이었다. 얼마 후 그 여성들에게 “어떤 휴게실이 마음에 드는가?”라고 질문하였을 때, 16세기 유럽 궁정풍의 대기실에 앉아 있던 여자들보다 훨씬 많은 사람들이 16세기 유럽 궁정풍의 대기실을 선호한다고 대답하는 것을 발견했다. 이것은 그런 위선의 속성을 잘 보여주는 한 예이다.

또 다른 체면 치레로서 응답자들은 또한 특정 조사 주제에 대해서 의견을 가져야 한다는 강박 관념을 느껴, 주제에 대해서 잘 모르는 경우에도 대답을 하는 경우를 들 수 있다. Riesman과 Glazer(1948)의 연구에서 대부분의 조사는 응답자들이 그것에 대해서 알고 있을 것이라는 가정하에서 행해지고 있으며, 그 결과 응답자들은 "오늘의 화제거리"나 혹은 "그 주간의 뉴스"에 대해서 의견을 가지게 된다는 것이다.

그 주제가 무엇이건 간에, 의견을 묻는 질문에서 50%의 응답자 정도가 의견이 없다고 하는 경우는 거의 없다. "무의견"의 비율은 10% 이하가 매우 일반적이다.

자존심 폭폭 쑤시기

"당신은 차를 가지고 있습니까?"와 같은 매우 직설적이고 사실적인 질문은 체면과 관련되어 질문지 단어상의 의미 이외의 영향을 줄 수 있다. 따라서 질문을 만들 때 연구자는 질문 내용에서 체면과 관련한 요소가 존재하는가를 찾아내야 하고, 그러고 난 뒤에 그것을 제거하든지 바로잡아야 한다.

자동차의 소유와 관련된 질문은 일상적이면서 응답자의 자존심을 건드리지 않는 방향에서 질문을 작성함으로써 자존심을 건드릴 수 있는 요소를 줄일 수 있다. 질문에 한두 단어만 추가하면 그 결과는 매우 합리적으로 된다.

> "당신은 혹시 현재 차를 가지고 있습니까?"

이러한 질문에 응답자들은 현재의 상황뿐만 아니라 향후 구매 의도도 고려하여 대답하는 경향이 있다. 자칫 잘못하면 응답자들은 그들이 씹을 수 있는 능력보다 더 많이 베어먹어 버리는 것과 같은 대답을 하게 되는 것이다.

따라서 다음과 같이 단계적인 이중 질문 접근법을 사용하면 현재의 상태와 미래의 구매 의도를 구분하는 데 도움이 된다.

> "당신은 자동차를 6개월 이내에 사려는 계획을 가지고 있습니까?"
> "당신은 다음 달 중에 자동차를 사는 것이 거의 확실합니까?"

이러한 분리된 질문은 얼마 안 있으면 나도 자동차를 살 수 있을 것이라는 막연한 생각을 가질 수도 있는 응답자에게 한정된 기간을 부여함으로써, 조사자가 관심이 있는 기간이나 전체적인 자동차 구매율 등에 대해서 응답자가 쉽게 대답을 하도록 해준다.

또 다른 예로 "합리적 판단"이라는 단어를 이용하여 응답자들을 쉽게 체면 치레의 굴레에서 벗어나도록 조정해 줄 수 있다.

> "합리적으로 판단해 볼 때 당신은(그것에 대해서) 확신을 합니까, 아니면 마음을 바꿀 것 같습니까?"
> "당신은 그것에 대해서 확신을 합니까, 아니면 허심탄회하게 생각해 보시겠습니까?"

여기서 체면 관련 요소는 별 저항감 없이 받아들여지는 요소인 "마음을 넓게 가진다"에 의해서 약해지는 반면에, "확신"이라는 쪽은 고집 있는 응답자들만 선택할 가능성이 높다.

> "당신은 그것에 대해서 매우 확신합니까, 혹은 당신의 마음을 정하기 전에 그것에 대한 정보를 더 얻은 뒤 결정하겠습니까?"

이상과 같은 다양한 질문들을 통해 조사자들은 체면 치레 대답을 피하기 위해서 많은 고려를 해야 한다.

사실에 대한 질문

직업에 대한 질문에 있어서 체면과 관련된 요소를 없애는 방법은 직업과 관련하여 정확한 직업의 이름을 묻거나 그 직업과 관련된 일을 조사하는 것이다. 종종 교육 정도에 대한 질문은 최종적으로 졸업한 학교 이름을 묻는다든지 학교를 떠난 해의 나이를 묻는 질문으로 대체될 수 있다.

다양한 수입원이나 심지어는 지출에 대한 자세한 질문은 총수입을 추정하는 데 도움을 준다. 어떤 조사자가 신문이나 잡지에 대한 구독을 조사하려 할 때 직접적인 질문을 하는 것보다 좋아하는 신문의 삽화 만화나 4단 만화의 주인공 이름을 먼저 물어봄으로써 결과를 개선시킬 수 있을 것이다.

또한 많은 사람들이 '이미 했다' 라고 판단되는 주제에 대해서 직접적으로 "했는가"를 질문하는 것보다는 "할 의도가 있는지"를 질문하는 것이 응답자들의 체면 치레 대답을 회피할 수 있게 하는 방법이다.

《바람과 함께 사라지다》가 유행할 때 George Gallup의 조사에서 과하게 많은 수의 응답자들이 그 책을 읽었다고 대답하였다. 그는 이 체면 관련 요소를 다음과 같은 질문으로 바꿈으로써 낮추었다.

"당신은 《바람과 함께 사라지다》를 읽을 의향이 있습니까?"

질문에서 체면과 관련된 영향은 종종 매우 미묘한 방식을 띠고 있어 그것의 효과는 예측을 할 수가 없다. 그러므로 이를 위해서는 앞에서와 같이 질문에서 체면 요소와 반대 작용을 하는 요소의 도입, 자세한 질문의 시도, 간접적인 주제의 접근법 등을 사용하여야 할 것이다.

단어의 상동효과(stereotypes)

질문에 등장하는 특정한 단어에 대한 응답자의 선입견이 조사에 영향을 미치는 것을 상동효과라고 한다. 일반적으로 "어머니"에 대한 감정, "죄"에 대한 반대적 입장 등이 바로 이러한 것이다.

응답자들이 특정 조직의 이름이나 정당의 이름, 개인의 이름에 대해서 감정적인 반응을 보이는 경우를 종종 보게 된다. 만일 이런 이름을 질문 속에 포함시킨다면 어떤 사람들은 그 조사 주제에 대해서 응답하기보다는 그 이름에 대해서 반응을 하여, "무조건 싫다"는 반응으로 일관하게 될 수 있다. 황소 앞에 빨간기를 흔드는 것과 같다.

예를 들어 냉전시대의 어떤 조사에서, 어떤 주제를 설명하면서 "공산당은 그것을 어떻게 생각한다"라는 설명을 했다면, 많은 응답자들은 어떤 쪽이든지 공산당이 말한 것과 반대 방향으로 택했을 것이다.

Menefee(1950)는 16개의 사회적인 주제에 대해 742명에게 조사를 했는데, 각각 항목들에 대해서 '예, 아니오'로 대답하도록 했다. 얼마간 시간의 여유를 두고, 똑같은 질문으로 다시 조사를 하였다. 이번에는 각각의 문항에 대해서 그 주장을 한 집단이 파시스트, 애국주의자, 공산주의자 유형으로 확인을 시켜주었다. 그 결과 파시즘으로 밝혔을 때 이전에 지지한 응답자들 중 70%, 공산주의자가 지지한 내용을 지지한 응답자 중 60% 이상이 그들의 대답을 그 집단들의 의견과 반대인 것으로 바꾸었다.

개인적인 이름 역시 응답자가 조사 주제를 판단하는 데 영향을 미치게 되는 것이 있다. 예를 들어 "김정일, 히틀러, 세종대왕" 등을 보면 어떤 이름이 긍정적인 영향을 미치는지 알 수 있다. 지명 또한 부정적인 이미지나 긍정적인 이미지가 응답자들에게 강한 영향을 미치게 된다.

한편 동일한 주제도 이름에 따라서 다른 상승효과로서 작용한다. "재벌"은 비우호적인 의미를 나타내고 "대기업"은 그것보다는 우호적인 의미를 포함한다. 예를 들면 노조원들에게 "경제 5단체에서 이러이러한 결정을 했습니다. 당신은 어떻게 생각합니까?"라고 질문을 한다면 일단은 그런 결정이 당연히 경제 단체를 위한 것이라고 여길 것이다.

이름뿐만 아니라 조사 주제 역시 상동 효과(stereotype effect)를 나타낸다. 예를 들어 "채권을 발행한다"와 "빚을 진다"는 같은 의미이다. 이 두 가지 중에 처음의 것이 두 번째 단어보다는 완곡한 어법이다. "빚을 진다"는 강한 부정적인 의미를 가지는 상동효과를 가진다. 상동효과를 가지지 않도록 하기 위해서 역시 단어에 대한 검증을 하는 것이 중요하다. 아래 질문을 읽어보면서 스스로 대답해 보자.

"당신은 다음 중에서 누가 가장 수출에 기여하고 있다고 말씀하실 수 있습니까?"
정부, 산업계, 노동조합 지도자들

앞의 두 개의 선택안은 모호한 범위의 조직, 이데올로기적인 단어와 노동조합 지도자 간의 상동효과의 비교는 몇몇의 잘 알려진 노조 지도자와 정부와 산업계를 뭉뚱그려서 비교하는 결과가 된다.

특히 응답자의 기억을 이끌어 내는 질문의 경우에는 이러한 단어는 특정기억을 되살리는 단서(cue)역할을 하게 되므로 더욱 중요하다.

예를 들어서 자동차 충돌사고를 목격한 응답자들에게 그 장면에 대한 기억을 되살리는 단어인 smash, collide, hit 각각에 따라서 충돌 시 자동차의 추정속도나 현장에서의 목격사항에 대한 응답이 다르게 나올 수 있다. 연구결과에 따르면 동일한 사고의 경우라도 smash라는 단어를 사용한 경우에는 사고차량의 속도가 더욱 빨랐다고 기억을 되살리게 되는 것을 알 수 있다(Loftus & Palmer, 1974).

〈표 1〉 자동차 충돌과 관련해 그 충돌 묘사에 사용한 용어가 다름에 따라 응답자가 추정한 사고차량의 속도에 차이를 보인 예(미국 대학생의 경우)

사용한 용어	평균추정 속도(mph)
smashed	40.8
collided	39.3
bumped	38.1
hit	34.0
contacted	31.8

질문의 순서에서 오는 영향들

종종 질문을 할 때 질문의 순서에 따라 그다음 대답들이 영향을 받는 경우가 많다.

"당신은 라디오에서 빅마마의 노래를 들어보았습니까?"
"당신이 좋아하는 프로그램의 이름이 무엇입니까?"

여기서 질문상의 단어들은 문제가 되는 것이 없다. 하지만 두 개의 질문이 서로 순서가 바뀌어야만 질문의 순서에 의한 효과가 없어질 것이다. 응답자가 빅마마를 상기하지 못한 경우에 첫 번째 질문을 듣고 두 번째 질문을 들으면 그의 의식의 제일 위에 빅마마가 자리 잡게 되기 때문이다. 그러므로 설문지 작성에서 매우 중요한 법칙은 일반적인 사항에서 특정한 주제로 옮아가야 한다는 것이다. 이렇게 설문지의 환경 요소는 설문지의 구성 문제에 의해서도 발생할 수 있다.

개인적인 입장에서의 질문 해석

흔히 사람들은 개인적인 입장에서의 의견과 친구에게 말한 것, 그리고 자신이 속한 어떤 집단에 대해서 말하는 것이 각각 다르다.

Cantril과 Rugg(1944)의 연구결과를 보면, 일반적으로 어떤 일이 비록 "더 많은 세금을 내거나", "비록 당신이 이 사업을 위해서 특별세를 내야 하지만"이라고 질문하는 것보다는, "만일 이것을 위해서 특별 세금을 거두더라도"라는 질문이 지지율이 더 높게 나온다는 것을 알 수 있다. 요즘 한창 문제가 되고 있는 원자력 발전에 관한 질문의 예를 들어보자. 원자력 발전소에 관한 질문 중 하나는 개인화시키고, 다른 하나는 그렇지 않게 하여 120명의 대학생을 대상으로 조사하였더니 결과는 다음의 표와 같았다.

개인화정도 / 선택안	개인화의 경우	비개인화의 경우
원자력 발전소를 건립해야 한다.	40.9%	50%
다른 방법을 강구해야 한다.	59.1%	50%

〈대학생 대상 조사, n=120, 2001〉

그럼 먼저 개인화와 관련된 질문을 보자.

"만일 제한 송전을 할 수밖에 없는 심각한 전력난을 극복하기 위해 원자력 발전소를 당신의 거주지와 비교적 가까운 곳에 건립한다면 당신은 찬성하겠습니까? 아니면 조금 시간이 들더라도 다른 방법을 강구하는 것을 지지하겠습니까?"

한편으로 개인화되지 않은 질문의 예를 들어보자.

> "만일 제한 송전을 할 수밖에 없는 심각한 전력난을 극복하기 위해 원자력 발전소를 건립해야 한다면 당신은 찬성하겠습니까? 아니면 조금 시간이 들더라도 다른 방법을 강구하는 것을 지지하겠습니까?"

이상과 같이 질문을 개인화 형식에서 비개인화 형식으로 전환하면 원자력 발전소에 대한 응답자들의 지지율은 약 10% 가까이 올라가는 것을 알 수 있다.

근로자들에 대한 조사에서 "당신과 같이 산업 현장에서 일하는 사람들"이라고 언급하면 비난하는 표현이 줄어든다. 결과적으로 간접적이고 비개인적 질문을 통한 조사는 직접적이고 개인화된 표현에 의한 질문보다 객관적인 결과를 도출할 수 있다. 그러나 어느 쪽의 질문을 이용해야 하는가에 대한 명확한 법칙은 없다. 개인화된 질문을 사용하느냐 비개인화된 질문을 사용하느냐를 선택하는 것은 단순히 조사 주제와 관련하여 어느 것이 더 현실적이고 조사 목적에 적합한가를 고려하여 선택하면 된다.

세분화된 주제에 대한 질문

가끔씩은 모호한 질문을 피하기 위하여 너무 세분화한 대답을 요구를 하는 경우가 있다. "당신이 작년에 읽은 책은 몇 권이나 됩니까?" 이 질문에 정확한 대답을 할 수 있는 사람들은 거의 없을 것이다. 사람들은 보통 책을 읽은 권수라든지, 교회에 갔던 횟수 등과 같이 특정한 일들에 대해서 완벽하게 기억하기 어렵다. 따라서 대답할 수 있는 적정한 선택안을 주는 것이 바람직하다.

당신이 작년에 읽은 책은 몇 권이나 됩니까? ( )
① 한 권도 읽지 않았다. ② 1–10권
③ 11–25권 ④ 26–50권
⑤ 51권 이상

그러나 자세한 질문은 확장된 질문에 비해서 몇 가지 장점이 있다. 첫 번째는 자세한 질문을 통해서 응답자들에게 조사 주제에 대하여 명확하게 정의해줄 수 있다. 두 번째는 자세하게 질문하면 응답자에게 생각할 수 있는 여지를 주고 친절하다는 인상도 줄 수 있다. 어떤 회사에서 한 질문을 예로 들면 다음과 같다.

"당신은 회사에 대해서 더 알고 싶은 정보가 있습니까?"

이 자유 응답 질문에 대해서 응답자들의 28%만 회사에 대해서 알고 싶다고 대답했다. 그러나 다음과 같이 직접적으로 물으면 69%의 응답자가 알고 싶다고 응답했다.

"회사에 있는 다른 부서에 대해서 더 알고 싶습니까? 혹은 알고 싶어 하시던 부서에 대해서 다 아셨습니까?"

참고문헌

Cantril, Hadley and Danald Rugg(1944), *Gauging Public Opinion*, Princeton University Press.

Crespi, Leo P.(1948), "The Interview Effect in Polling," *Public Opinion Quarterly*, 3(Spring), 99–111.

Loftus, Elizabeth F. & John C. Palmer,(1974), "Reconstruction of Automobile Destruction: An Example of the Interaction between Language and Memoty," *Journal of Verbal Learning and Verbal Behavior*, 13(5), 585–589.

Menefee, Selden C.(1950), "The Effect of Stereotyped Words on Political Judgements," *American Sociological Review*, 1, 614–621.

Riesman, David and Nathan Glazer(1948), "The Meaning of Opinion," *Public Opinion Quarterly*, 3(Winter), 633–643.

8
설문지 작성 시 너무 많은 것을 가정하고 있지 않은가?

작성자는 설문지를 작성할 때 너무나 많은 가정을 한다. 그래서 설문지 작성 시 오류를 범하기 쉬운 것이다. 즉 설문지 작성자는 응답자들이 질문의 항목에 대해 잘 알고 있을 것이라는 위험한 생각으로 설문 작성에 임하는 것이다.

그래서 '이 정도는 응답자들이 알고 있겠지' 라는 무의식 중의 사고를 가질 수 있다. 특히 조사를 실시하는 당시에 한창 언론 등에서 거론되고 있는 정치적인 사건이나 대중적인 사건을 조사하는 설문 작성자는 은연중에 이와 같은 가정하에서 설문지를 작성할 수 있다. 그러나 이러한 사고는 응답자들의 대답을 설문 작성자의 의도대로 이끄는 오류로 연결될 수 있다. 이러한 위험한 가정들은 적중되지 않는 경우가 많은데, 이것은 응답자들이 질문을 받은 주제에 대해서 들어보지도 못한 경우가 흔하기 때문이다.

또한 응답자들의 생각이 대답하기에 불충분하거나, 설령 그 주제에 대해서 알고 있다 하더라도 질문 항목을 잘못 이해해서 전혀 예기치 못한 대답을 하는 경우가 있을 수도 있다. 이런 경우가 발생하면 응답자들은 잘 모르는 것에 대한 부담으로 인해서 그 질문 이후의 질문에 대해서도 솔직한 대답을 하기 어렵게 된다. 특히 조사 표본에 각계 각층의 응답자가 다 포함될 때 이런 종류의 가정이 담긴 질문은 더욱 심각한 결과를 가져온다.

따라서 설문지 어휘 작성자들은 앞에서도 언급한 바와 같이 항상 설문지상의 단어의 선정과 작성에 대해 비판적인 사고와 태도를 가져야 하는 것이다. 이것은 설문지를 처음 작성할 때 스스로 자신에게 "과연 이것이 의미가 통하는 질문인가?"라고 묻는 것부터 시작하여야 한다.

그러나 이 오류는 일상 생활에서 우리가 흔히 쓰는 일종의 언어 습관에서 비롯되기 때문에 고치기가 쉽지 않다. 그렇기 때문에 설문지 작성 시에는 이런 경향의 오류를 조금이라도 줄이기 위해 "이 질문의 바탕에 깔린 가정은 무엇인가?"라는 의문을 항상 갖고 임해야 한다.

재미있는 우스갯소리를 통해서 질문에 깔려 있는 가정을 살펴보자.

> 매우 뚱뚱한 비만증 환자가 의사를 찾아왔다. 의사는 그녀에게 "몇 킬로였을 때부터 이렇게 살이 찌기 시작했어요?"라고 묻자 그녀는 "2.5Kg요"라고 대답하였다.

실제로 흔히 일상 생활에서 이와 유사한 상황이 일어나고 있는 것이다. 이렇게 의사와 환자 사이의 질문과 대답에서 가정이 다르면, 사고의 출발 기준이 달라지게 되고 따라서 전혀 엉뚱한 대답이 나오게 된다.

당신은 A와 B 중에서 어느 것을 더 좋아합니까?

이 오류를 이해하기 위해 다음과 같은 질문을 통해 생각해 보자. "당신은 A와 B 중에서 어느 것을 더 좋아합니까?"라는 질문을 하였을 때 응답자들은 신중하게 선택하게 된다.

이 질문에 대한 응답자들의 대답은 진실로 의미가 있거나 우연히 의미가 있는 결과가 나오거나 혹은 의미가 없을 수도 있다. 이유는 많은 응답자들이 그들이 질문의 선택안에서 A의 의미를 모호하게 알기 때문에 B를 선택할 가능성이 높기 때문이다.

이것은 다시 질문을 해도 동일한 결과를 얻을 수 있다. 응답 결과의 고정성은 의미 있는 질문인가 아닌가에 대한 증명은 아니지만, 의미 없는 질문일수록 반복 시에 같은 응답이 도출되는 경향이 있다.

이 예에서 나타나는 것처럼 두 가지 대안 중에 어느 것을 더 중요하게 고려하는가에 대한 응답자들의 대답은 두 가지의 선택안 자체에 대한 평가가 아니라 단지 내가 얼마나 그 선택안들과 친숙한가 하는 친숙도를 평가해 버리는 결과가 되기 쉽다.

본질적으로 이와 비슷한 실수들이 흔히 여러 분야에서 다양하게 나타나며, 정확한 지식이 없는 대중들에게 잘못 질문되는 경우가 많다. 더욱이 응답자들은 자신들이 잘 모른다는 것을 보이려고 하지 않기 때문에 조사 결과의 오류 가능성은 더욱 커진다.

질문이 "A인가 아니면 B인가"처럼 두 개의 질문으로 구성되어 있을 때는 뒤쪽에 제시된 것이 보다 자주 택해지는 경우가 있다. 즉 최근 효과(Recency Effect)가 우세한 경우가 있다.

이 최근 효과는 응답자의 교육 수준에 따라 차이가 날 수 있으며, 문제가 어려울 경우에는 교육 수준이 낮은 응답자들 사이에서 최근 효과가 더 나타나는 경향이 있다.

〈표 1〉 정부와 민간부문 중 어느 쪽에 책임이 있다고 보느냐는 질문에서 "민간에게 책임이 있다"는 항목이 앞쪽보다는 뒤쪽에 제시되었을 때 그것을 택한 응답자의 비율이 높게 나타난 예

(1983년말 조사, 미국 Ohio주 한 지역 성인의 경우)

사 항	질문 문항 위치		%차이 (A–B)	X^2	통계적 유의도
	(A) 민간책임 뒤쪽제시 (N=307~322)	(B) 민간책임 앞쪽제시 (N=297~312)			
1. 실업	22.2%	18.9%	3.3%	1.01	NS
2. 인플레	23.0	16.2	6.8	4.59	
3. 도덕성 붕괴	74.3	61.2	12.7	11.21	
4. 에너지 부족	24.4	16.0	8.4	6.78	
5. 인종, 성차별	44.3	43.5	0.8	0.05	NS
6. 환경오염	25.2	20.3	4.9	2.16	NS
7. 작업장 안전	55.6	40.3	15.3	14.55	

*문안 예 : 정부가 실업을 줄이는 책임의 일단을 져야 하느냐, 아니면 민간기업과 개인들이 실업 감축에 전적인 책임을 져야 하느냐?
McClendon, M. J.(1986) "Response-Order Effects for Dichotomous Questions," *Social Science Quarterly*, 67(1), 205~211..

"도덕성 붕괴의 책임"의 경우에는, 그 책임이 민간에게 있다고 하는 응답자의 비율이 뒤쪽에 제시했을 때 74.3%, 앞쪽에 제시했을 때 61.6%로서, 전자의 경우가 후자의 경우보다 12.7%나 높게 나타났으며, 이 차이는 통계적으로 유의미한 것으로 나타난다.

이들 질문에서 통계적으로 의미 있는 차이를 보인 것이 4개 문항이고, 이들을 포함해 7개 문항 모두에서 "민간 책임"을 뒤쪽에 제시한 경우가 앞쪽에 제시한 경우보다 "민간 책임"을 지적한 응답자의 비율이 높게 나타남으로써 최근 효과가 있음을 보여준다.

응답자의 무지

사회 조사에서 응답자들이 질문 사항을 정확히 알고 있지 못하는 경우가 허다하다. 정작 열심히 대답하는 사람들 중에서도 제대로 알고 있지만 대답을 잘못한 사람, 잘못 알고 있으면서도 제대로 알고 있는 것으로 믿고 있는 사람, 잘 모른다는 것을 알고 있으면서도 체면상 알고 있는 것처럼 응답을 하는 사람, 제대로 알고 있으면서도 이런저런 이유로 모른다고 대답하는 사람 등이 엉뚱하고 틀린 대답을 자신있게 대답하는 경우에 해당된다(Fever 1956).

미국에서 실시된 갤럽의 조사에서 45%의 사람은 '워싱턴에 있는 로비스트' 들이 무엇하는 사람인지 모르며, 46%의 사람들은 '국회 의사 진행 방해(filibuster)' 에 대해 잘 설명할 수 없었다. 매우 많은 응답자들이 그들의 무지를 인정하였다. 그러나 응답자들은 그들이 잘 모르는 것에 대해서는 구체적으로 표현하지 않으려는 경향이 짙기 때문에, 여러 질문을 통해서 교차 확인하지 않으면 응답자들이 솔직하게 알고 있는지 파악하기 어렵다.

요즘 방송에서 ARS를 통해서 퀴즈문제를 푸는 것을 많이 볼 수 있다. 이러한 ARS 퀴즈는 일반적으로 방금 방송한 내용을 답으로 제시하고 있거나, 꼭 프로그램을 보지 않더라도 대답할 수 있는 수준의 문제로 구성되어 있다. 그러나 이 문제의 정답률은 약 72%에 지나지 않는 것으로 나타나고 있다. 이같이 금방 답을 가르쳐 주는 경우에도 응답자의 100%가 정답을 맞추는 것은 매우 어렵다.

이러한 응답 오류를 발생시키는 상황적인 요인들을 한번 살펴보자.

응답률의 증가와 관련하여 설문지에 대해서 대답은 하였지만, 외부적인 환경적 요소에 의하여 응답에 강제성을 띨 경우에는 그들의 지식 수준에서 벗어나는 응답을 하게 되는데, 이러한 경우를 응답 오류라고 한다.

Hawkins와 Coney(1981)는 그의 연구에서 응답자들이 조사 주제에 대해서 잘 모르는 경우에도 금전적인 보상이나 사전 통고에 의해서 응답을 강제적으로 하게 되는 경우가 발생하는 것을 연구하였다.

그러므로 응답률의 증가를 위해서 사용하는 방법들은 응답 오류도 함께 발생시키는 것과 정의 상관관계를 가진다고 할 수 있다.

응답자들이 조사 주제에 대해서 지식이 없는 경우에도 응답을 하게 되는 환경은 크게 6가지로 구분할 수 있는데, ①Mautz과 Neumann(1970)은 응답자들이 조사 주제의 흥미 정도에 따라서 응답하는 태도가 달라진다고 하였으며, ②조사에 응해야 된다는 압박감, ③금전적인 것과 물리적인 유혹에 의해서 이러한 경향이 높아진다고 한다(Amstrong 1975 ; Goodstadt 1977). ④응답을 완결하라는 요구로 인해서 응답자들은 부득이 추측을 바탕으로 한 대답을 하게 되며(Johns, Linda 1978, Houston, Nevin 1977, Kerin, Harvey 1976), ⑤우편을 이용한 설문조사에서 효과적으로 사용되는 추가적인 조사 역시 응답 오류를 높이는 데 영향을 미치며, ⑥설문지 작성자의 응답자들에 대한 지식 수준을 과대평가하여 작성한 설문 문항 역시 기대 효과에 의해서 응답자들은 응답에 따르게 되는 것이다.

흔히 사용하는 단어

일상적으로 쓰는 단어의 경우에도 질문에 포함되면 응답자들이 종종 혼란을 일으키는 경우를 보게 된다. 이익이라는 단어는 일상적인 생활에서 흔히 쓰이는 단어이며 의미는 보통 '투자된 자산에 대한 회수'의 개념으로 이해되고 있다. 그러나 이것은 정확한 회계적인 개념과는 상당한 차이가 있다. 일반적으로 사람들은 '총 이익', '제품 원가에 대한 이윤', '경영의 양적 크기', '집행할 수 있는 급료' 등 여러 가지의 개념으로 받아들이고 있다.

한편 이익이라는 단어는 일반적으로 "이익이란 높은 것이다"라는 선입관을 가지기 쉽다. 다음의 질문을 통해서 흔히 사용되는 이익이라는 단어에 대해서 사람들이 어떻게 생각하는지 살펴보자.

"이익이라고 언급할 때 당신이 생각하기에 판매량에 대한 이익을 뜻합니까, 경영에 투자된 자본에 대한 이익을 뜻합니까, 1년간의 재고 결산에 대한 이익을 뜻합니까?"

22%	판매 이익
18%	투자 이익
14%	재고 이익
10%	다른 기준에 의한 이익
37%	모른다

이 결과를 자세히 살펴보면 1/3의 응답자들이 이익에 대한 개념이 정립되어 있지 않은 상태임을 알 수 있다. 이 결과를 더 자세히 살펴보면 14%의 응답자들이 재고 이익이라고 대답하였는데, 이 14%는 단순한 추측에 의한 수치라고 보고, 앞의 두 대답에서 같은 정도의 추측치를 제외한다면 순수하게 판매 이익이라고 대답한 응답자는 8%, 투자 이익이라고 대답한 응답자는 4%임을 알 수 있다. 이렇게 추론해 본다면 12%의 응답자만이 진정으로 회계학적인 이익의 개념을 알고 있는 셈이 된다.

이해 가능한 언어 선정

응답자들에게 이해 가능한 언어로 구성된 질문을 제시하는 것은 설문지 작성자의 의무이다. 따라서 설문지 작성자는 항상 '이 단어를 쓰게 되면 내가 의도하는 의미로 쓰여지겠는가?' 하는 사고 방식을 가지고 설문 작성에 임해야 한다. 그래서 응답자로 하여금 그 의미가 명확하게 전달되어야 하는 것이다. 잘 다듬어진 질문이 의미 있는 응답을 가져옴은 말할 나위도 없는 것이다. 이를 위해서 응답자가 가지고 있는 모호한 지식과 과장된 응답을 제거하는 것이 중요하다. 소위 "필터식 접근법"이 필요한 것이다.

필터식 접근법이란 "당신은 이러이러한 것을 들어 보신 적이 있습니까?"라는 질문을 한 뒤, "이러이러한 것은 무엇이라고 생각하십니까?", 혹은 "이러이러한 것에 대한 예를 한 가지 설명해 주실 수 있습니까?"라는 질문을 하는 것이다. 따라서 계속적인 질문을 위해서는 주제에 대한 적절한 설명이 필요하게 된다.

숫자와 관련된 사실적 조사 시 발생하는 오류

어떤 사실적 조사에서는 응답자들이 설문 내용을 완전히 이해한 경우에도 오류가 발생할 수 있다. 미국의 한 예를 보자. 2차 대전 당시 미국 통계국은 물가조정국을 위해서 사무실 임대료를 조사하였다. 설문 분석자들은 월별로 보고되는 아주 작은 임대료의 변화를 매우 사소하게 간주하였다. 이런 임대료의 변화는 사실 별 뚜렷한 리듬이 없으며, 변화하는 각각의 이유가 있었다. 어떤 장소의 한 달 평균 임대료는 51달러로 보고되다가 다음 달에는 50달러로 보고되었다. 이렇게 작은 변화는 중요하지 않을 수 있다. 그러나 이 조사의 목적은 변동된 임대료의 수와 변동된 임대료의 평균 수치를 구하는 것이기 때문에 사실은 중요한 것이었다.

이 같은 조사에서의 임대료 변화에 대한 이유는 알고 보면 간단한 것이다. 여기서 문제점을 일으킨 것은 바로 임대료를 주별로 지급하는 응답자들이었다. 조사자들은 임대료를 주별로 조사한 것에다가 4주와 1/3을 곱하여 월 임대료로 환산하였다. 임차인이 주 12달러를 내는 것으로 조사되면 한 달에 51달러가 되는데, 대략 50달러가 된다고 대답한 응답자가 많았고 따라서 문제가 발생하였다. 한 조사에서는 50달러로 대답하고, 또 다른 조사에서는 51달러라고 대답하면 가공적인 수 1달러의 변동이 있게 된다. 그러나 이 같은 변동은 인터뷰를 실시하는 사람이 조그마한 변동이라도 자세히 질문하면 쉽게 나타날 수 있다. 조사자들은 응답자들에게 임대료를 지불하는 기간을 질문하여야 했던 것이다.

'모른다' 라는 대답의 최소화

설문지의 가치는 흔히 '모른다' 혹은 '그것에 관한 의견이 없다' 라는 응답자를 줄이는 것으로 평가되기도 한다. 또 다수의 응답자들이 대답하기에 앞서 망설이게 하는 질문이 좋은 질문이라고 규정되어 왔다. 그러나 이는 높은 응답을 유도하려는 기준으로는 유용하지만, 무조건 맹목적으로 따르는 것은 옳지 않다.

높은 응답률은 엉성한 질문으로도 나타날 수 있다. 어떤 질문에 있어서는 높은 응답률이 바람직하지 않으며, 기대해서도 안 되는 경우가 있다. 만일 대부분의 응답자들이 질문의 주제에 대해서 잘 모르면서 동전던지기를 통하여 대답하였다면 그 대답은 기록되어도 가치가 없는 것이다. 그러한 대답들은 기록되지 않는 것이 더 나을 것이다. 이것은 마치 아무것도 없고 존재하지도 않는데 선택하라고 강요하는 것과 같은 것이다.

또 다른 경우로 특정 사람, 회사 등에 관하여 잘못된 점을 이야기하도록 요구하는 질문을 받을 때, 많은 응답자들이 대답을 기피하는 경향이 있다. 여러 조사에 나타난 바와 같이, 특히 우리나라 사람들은 칭찬은 자유롭게 말하지만 비난하는 것은 꺼려한다.

"근로 조건, 경영 관리 등이 어느 회사가 가장 열악합니까?" 라는 질문에 보통 50%에서 90%의 응답자들이 회사명을 지명하지 않으려 하였다. 이런 경우에는 신랄한 비판을 하는 소수 응답자들이 의미 있는 대답을 하게 된다. 따라서 이 같은 질문은 응답률만 보고 나쁜 질문이라고 판단하기는 힘들다.

부정적인 질문을 할 때는 단어의 선택에 있어서 부드러운 어감을 주는 단어를 선택하여야 응답률을 더욱 높일 수 있다. 앞의 예의 교훈은 경우에 따라서는 그렇지 않음에도 불구하고, 높은 응답률 그 자체를 너무 당연하게 받아들이고 있다는 것이다.

한편 Hawkins와 Coney(1981)는 모른다(don't know; DK)라는 항목은 응답률에는 영향을 미치지 못하지만, 과장된 응답을 하는 응답 오류를 줄이는 데 유의한 효과가 있는 것으로 나타났으며, 실제적인 주제에 대한 질문을 다룬 설문지는 가공의 주제보다 응답 오류가 더 많이 발생하고, 심지어는 강요를 하지 않는 상황에서도 모른다고 대답하는 상황이 흔히 발생하는 것으로 나타난다고 하였다.

이러한 DK 항목이 나타나는 요인은 크게 3가지로 구분할 수 있는데, 첫째는 질문 방법과 설문상의 구조가 복잡하여 응답자의 이해를 벗어나는 경우와, 둘째는 요구되는 정보를 너무나 명확하게 요구하여 응답자가 기억을 떠올려서 대답하기 어려울 때, 셋째는 응답자가 자신의 태도를 표현하려고 하는 과정에서, 다소간 강압적이라고 생각하는 질문과 응답의 내용이 사회적인 바람직성을 내포하고 있다든지, 응답자 자신의 무지를 드러내지 않으려는 대답이 영향을 미친다(Sudman & Bradburn, 1974).

Schuman과 Presser(1981)은 모른다라는 응답은 정보의 부족, 낮은 관여도, 낮은 교육 수준, 질문 내용의 애매함 등의 함수라고 하였다.

응답자의 요인이 비응답 오류에 어떠한 영향을 미치는가에 대한 연구에서 Francis와 Busch(1975)는 조사 주제에 대한 관여도가 높을수록 비응답이 낮았다고 하였으며, Converse(1976)은 교육 수준은 조사 주제에 대한 관여도를 증가시켜서 간접적으로 영향을 미친다고 하였다.

따라서 조사에 대한 경험과 관여도가 높은 응답자는 낮은 비응답률을 보인다(Leigh & Martin, 1987). 따라서 조사 주제에 대한 지식과 관여도가 높은 응답자는 질문의 형식에 민감하지 않으며, 복잡한 질문의 형태도 적용 가능하다.

누가, 왜, 언제, 어디서, 어떻게

조사자들이 경계해야 할 또 다른 요소는 바로 조사자 자신이다. 과연 조사자 자신이 그 질문의 주제에 대해서 완전히 이해하고 있는가는 매우 중요하다.

잘못 선정된 단어로 이루어진 설문지는 마치 '안전 장치를 잠그고 총을 쏘는' 것과 같다. 즉 자기만 아는 단어로 떠들다가 무의로 끝나는 행동에 비유할 수 있다. 일단 조사 주제가 아주 모호하게 주어지더라도 응답자들이 이해하기에 가장 쉬운 단어를 선택하도록 노력하여야 한다. 이를 위해서는 먼저 조사 주제를 조사자 자신이 이해할 수 있는 형태로 만들어야 하는데, 따라서 무엇보다도 조사 주제에 대한 정확한 정의를 내리는 것이 필요하다.

뉴스 취재기자들이 스스로에게 묻는 기준인 '누가, 왜, 언제, 어디서, 어떻게' 라는 항목을 조사자들도 해보아야 한다. 일단 조사 주제에 관한 정의가 명확해지면, 일반 응답자들이 충분히 소화할 수 있는 단어로 옮기는 작업을 하게 된다.

있다는 것과 안다는 것

조사자는 일상적인 생활에서 흔히 일어나는 일에 대해서 응답자가 당연히 알 것으로 가정하는 경향이 있다. 그러나 그것은 대부분의 사람들이 일상 생활에서 주변의 사소한 것에 대해 무시하면서 살아간다는 사실을 몰라서 하는 가정일 수가 있다.

달력 제조업자는 사람들이 그들의 책상 위에 있는 이번 달의 달력 풍경이 바다에 관한 것인지 산에 관한 것인지 알고 있을 것이라고 가정을 하겠지만, 응답자들은 책상을 떠나자마자 그것에 대한 질문을 받게 되면 추측을 해야만 맞출 수 있다.

한편 사람들은 흔히 기억이 잘 나지 않음에도 불구하고 대답을 할 때는 상당한 확신을 가지고 말하는 경향이 있다. 이것은 응답자들이 일상적으로 일어나는 것에 대해서 그들이 아주 잘 알고 있다는 그릇된 가정과 더불어 조사자들을 더욱 혼란에 빠뜨릴 수 있다.

응답자들이 일상 생활에서 주의 깊게 관찰하지 않는 현상은 아주 흔한 일이다. 따라서 이러한 것에 대한 조사에서 응답자들은 실제로 조사 대상물의 사실적인 결과를 바탕으로 대답하는 것이 아니라, 응당 그것이 그럴 것이라는 추측에 의해서 대답하게 되는 것이다.

만일 사실의 파악을 원한다면 '백문이 불여일견' 이라는 속담과 같이, 실제 제품을 확인해 보는 것이 가장 확실한 방법이다. 기억의 상기를 이용하는 조사는 유용하게 이용될 수 있지만, 여기서 명심해야 할 것은 기억의 상기는 사실과 다를 수 있으며, 그것을 사실이라고 믿어서는 안 된다는 점이다. 사람들이 흔히 간과하기 쉬운 몇 가지 예를 들어보면, 많은 사람들은 그들이 아침 식사로 먹은 반찬의 이름을 기억하기 어려우며, 많은 남자들은 그들이 지금 입고 있는 티셔츠의 브랜드와 어제 매었던 넥타이의 색깔을 잘 모른다.

소비자들은 흔히 그들이 쓰는 수돗물을 어디서 취수하는지 거의 알지 못하며, 그들이 쓰는 가스가 LPG인지 LNG인지를 물어보면 당황해 한다. 웨이터들은 종종 손님들이 그들이 주문한 음식의 이름을 잊어버리는 것을 경험하고, 백화점이나 가게의 여성 판매원들은 남편들이 아내의 옷에 대한 기본적인 치수를 모르는 경우를 많이 보게 된다. 또한 많은 사람들이 부모님의 생일을 기억하고 있지 못하며, 바쁜 회사원들은 자기 회사의 구내 번호를 제외하고는 다른 회사의 것은 하나도 모르는 경우가 있다.

주민등록증의 번호, 인터넷의 비밀번호 등도 이런 문제점을 일으키는 것 중의 하나일 것이다. 또 많은 사람들은 카렌스가 대우에서 제조된 것인지 기아에서 제조된 것인지 잘 모르며, 도로공사나 가스공사를 아직도 국영기업으로 생각하고 있는 사람도 많다.

랜드로바, 미원, 제록스 등은 처음에는 제품의 이름으로 출발했지만 이제는 그런 종류의 제품을 총칭하는 단어로 자리잡고 있다. 이런 것에 대한 기억의 상기도 응답자들에게 혼동을 주게 된다. 많지 않은 응답자들만이 스위스 시계 중에 최고급 시계의 상표명을 구분할 수 있을 것이다. 근로자 또한 그들이 근무하는 부서의 정확한 이름을 잘 알지 못하는 경우가 많고, 그들의 봉급에서 자동으로 공제되는 항목들을 일일이 열거할 수 없을 것이다.

"귀하의 지역구 국회위원은 누구입니까?"
"헤아려 보지 말고 당신의 열쇠고리에 얼마나 많은 열쇠가 있는지 아십니까?"
"헤아려 보지 말고, 당신의 이빨이 전부 몇 개인지 아십니까?"

참고문헌

Armstrong, J. S. (1975), "Monetary Incentives in Mail Surveys", *Public Opinion Quarterly* 39(1), 111–119.

Goodstadt, M. S., L. Chung, R. Kronitz, & G. Cook(1977), "Mail Survey Response Rates: Their Manipulation and Impact", *Journal of Marketing Research*, 14(August), 391–395.

Jones, W. H. and G. Linda (1978), "Multiple Criteria Effects in a Mail Survey Experiment", *Journal of marketing Research*, 15(May), 280–284.

Hawkins, Del I. & Kenneth A. Coney(1981), "Uninformed Response Error in Survey Research", *Journal of Marketing Research*, 18(3), 370–374.

Houston, M. J. and J. R. Nevin (1977), "The Effects of Source and Appeal on Mail Survey Response Patterns", *Journal of Marketing Research*, 14 (October), 374–378.

Kerin, R. A. and M. G. Harvey (1976), "Methodological Considerations in Corporate Mail Surveys: A Research Note", *Journal of Business Research*, 4(3), 276–282.

Mautz, R. F. and F. L. Neumann (1970), "The Effective Corporate Audit Committee", *Harvard Business Review*, 48(6), 58–65.

McClendon, M. J. (1986), "Response-Order Effect for Dichotomous Questions", *Social Science Quarterly*, 67(1), 205–211.

9 어떻게 읽는가에 따른 문제점

연구자가 아무리 질문을 잘 작성하였다고 해도 어떻게 내용을 전달하는가에 따라서 동일한 질문이 응답자에게 다르게 인식될 가능성이 높다. 즉 구두점, 강조, 선택안의 위치, 발음 등은 질문에 영향을 줄 수 있는 것들이다. 만일 모든 면접원이 각각의 질문들을 똑같은 수준의 같은 음높이, 같은 음량, 같은 속도로 읽고, 모든 응답자가 모든 질문을 끝까지 다 듣고 대답을 한다면 신경을 쓰지 않아도 될 것이다. 그러나 이런 경우는 거의 없다고 봐도 옳을 것이다.

어떤 면접원들은 빨리 질문하고, 어떤 면접원들은 천천히 질문한다. 또한 면접원에 따라서는 질문을 하는 데 있어서 억양이 거의 없는 사람도 있고, 어떤 면접원은 웅변 연습을 하는 학생처럼 읽기도 한다.

한편 대부분의 응답자들은 질문이 끝나기를 참을성 있게 기다리지만, 어떤 사람들은 질문의 선택안들을 다 듣기도 전에 대답부터 해 버리는 응답자들도 있다. 이제 이러한 문제점들에 대해서 생각해 보고 이것에 대한 대응 방법을 알아보자.

왜 당신은 그렇게 말씀하시죠?

이유를 묻는 질문의 전형적인 형태의 하나가 "왜 당신은 그렇게 말씀하시죠?"이다. 이러한 질문도 억양을 어디에 두는가에 따라서 이상한 질문이 될 수도 있다. 단순한 질문에서 잘못 강조된다는 것이 어떠한 결과를 가져올 수 있는지를 아래의 질문을 반복해서 크게 읽어 봄으로써 알 수 있다. 한 단어씩 강조를 하면서 읽어보자.

"**왜** 당신은 그렇게 말씀하시죠?"
"왜 **당신은** 그렇게 말씀하시죠?"
"왜 당신은 **그렇게** 말씀하시죠?"
"왜 당신은 그렇게 **말씀하시죠**?"

이와 같이 질문에 있는 어떤 단어를 강조하는가에 따라서 엉뚱한 방향의 대답을 이끌어 낼 수도 있다.

민감한 억양도 응답에 영향을 미치는가?

면접시 면접자의 억양도 응답에 영향을 미칠 수 있다. Barath와 Cannell (1976)의 연구를 보면 면접자가 질문을 읽을 때, 끝 부분에서 억양을 떨어뜨리느냐 올리느냐에 따라 긍정응답 비율에 차이가 나타난다. 표에서 응답자들에게 그들의 몸에서 나타나는 이상 징후들을 두가지 유형의 음정으로 질문한 결과, 질문을 물을 때 목소리의 억양을 올리는 질문방식이 더욱 긍정적인 대답을 유도하

〈표 1〉 면접자 질문시 끝부분 억양의 고저에 따른 긍정응답자 비율

(1977년 조사, 미국 전국여가활동조사의 경우)

항목 리스트	실험 집단						
	목소리를 떨어뜨림			목소리를 올림			
	예	아니오	N.A.	예	아니오	N.A.	d
1.목이 아프다	71	42	1	74	39	1	+
2.식욕이 별로 없다	30	84		29	85		−
3.심장이 빨리 뛰는 느낌	34	74	6	36	78		+
4.피부가 따끔거린다	34	79	1	56	57	1	+
5.숨이 차다	43	70	1	48	66		+
6.치질이 있다	28	86		42	71	1	+
7.욕지기가 난다	28	86		37	76	1	+
8.두통이 난다	82	32		93	21		+
9.일반적으로 허약해진 느낌	35	78	1	41	73		+
10.팔다리 통증	48	65	1	56	58		+
11.귀가 울린다	16	99		29	85		+
12.늘 피곤한 느낌이 든다	46	68		44	70		−
13.신경이 날카로워진 듯하다	75	39		71	42	1	−
14.악몽을 꾼다	24	89		32	82		+
15.코를 곤다	5	109	1	7	107		+
16.아침에 기침을 한다	28	86		33	81		+
17.머리가 어질어질하다	36	78		39	75		+
18.고열이 난다	13	100	1	23	91		+
19.소화가 잘 안된다	38	76		34	80		−
20.치통이 있다	19	95		19	95		0
21.피부에 문제가 있다	21	93	2	34	80		+
22.류머티즘이 있다	21	91		22	91	1	+
23.기관지염이 있다	13	101		17	97		+
24.티눈이나 발에 문제가 있다	28	86	1	22	92		−
25.위가 문제가 있다	27	86		6	77	1	+
26.결막에 문제가 있다	55	59		48	65	1	−
27.쉽게 다친다	10	104		11	103		+
28.쉽게 자지 못한다	48	65	1	54	60		+
29.당뇨가 있다	7	107		2	111	1	−
30.치통이 있다	23	91		21	93		−
31.눈에 문제가 있다	22	92		27	87		+
32.빈혈이 있다	12	99	3	12	101	1	0
33.신장에 문제가 있다	7	106	1	14	100		+
34.천식이 있다	4	109	1	5	109		+
35.감기가 든다	78	36		90	24		+
36.우울하다	50	62	2	61	53		+
37.방광에 문제가 있다	16	97	1	20	94		+
38.심장에 문제가 있다	4	107	3	6	107	1	+
39.알르레기가 있다	11	102	1	30	84		+
40.허리에 문제가 있다	42	71	9	33	81		−

Barath, Arpad & Chiarles F. Cannell, (1976), "Effect of Interviewer's Voice Intonation", *Public Opinion Quarterly*, 40, 370-373.

는 것으로 나타난다. 하지만 Blair(1976)의 연구결과에 따르면 면접자의 억양이 미치는 영향은 그 방향이 일정치 않다는 결론을 내리고 있어서 이에 대한 후속 연구가 필요한 상황이다.

밑줄로 강조하기

어떤 단어들은 특별한 강조를 필요로 한 경우도 있다. 이런 경우에 설문 작성자들은 면접을 하는 조사원들이 그것을 강조하여 응답자들에게 전달해 주도록 보강책을 쓰는 것이 바람직하다. 이를 위해서 이탤릭체를 쓰거나 밑줄을 긋는 것도 하나의 효과적인 방법이다.

"1톤 미만의 **작은** 트럭을 만드는 회사라고 하면 당신에게 제일 먼저 떠오르는 회사는 어디입니까?"
"당신이 생각하기에는 내년에 **시간당 임금**이 올라가야 한다고 생각합니까, 내려가야 한다고 생각합니까, 그대로여야 한다고 생각합니까?"

설문지상에 어떤 단어들에 대해서 밑줄을 치는 것은 면접원들을 도와줄 수 있을 뿐 아니라, 다른 단어들을 강조하지 않게 되는 면이 있다. 한편 질문에서 특별히 강조를 하여야 하는 부분을 제외하고는 면접원들이 다른 특별한 강조를 하지 않도록 주의하여야 한다.

질문을 다 듣기도 전에 대답하는 사람

TV 퀴즈쇼에서 사회자가 문제를 채 읽기도 전에 벨을 눌러서 결국 대답을 잘 하지 못하는 경우를 많이 볼 수 있다. 이와 마찬가지로 아무리 많은 주의를 기울여서 만든 질문이라고 하더라도 그 질문을 다 듣지 않게 되면 질문에서 무엇을 물으려고 하는지 알 수 없다. 어떤 응답자는 면접원의 입에서 질문이 반도 나오기 전에 대답해 버리는 경우가 있다. 이러한 현상은 단지 응답자의 조급함만 탓할 것이 아니라, 설문 작성자 역시 책임이 있을 수 있다는 점을 생각하여야 한다.

응답자들의 입장에서는 면접원들이 하는 질문의 첫 선택안이 너무 명확하다고 판단하기 때문에 뒤에 어떤 특별한 조건이 나오든지 별로 신경쓰지 않게 되는 것이다. 그러므로 설문 작성자들은 질문이 응답자들의 흥미를 마지막까지 잡아두도록 노력을 기울여야 한다는 것을 항상 명심해야 할 것이다.

아이디어 감추기

성급하게 대답하는 것을 피할 수 있는 가장 확실한 방법은 응답을 하는 데 고려해야 하는 핵심적인 아이디어를 제일 뒤로 감추고 가능한 한 질문을 간단하게 표현하는 것이다. 즉 보통 이런 핵심적인 단어는 선택안의 형식으로 이루어져 있는데, 일반적으로 질문의 제일 뒤에 두어야 한다. 다음과 같은 질문을 살펴보자.

"낙관적인 것과 비관적인 전망 중에서 주위에서 사업을 하는 사람들이 내년의 경기가 어느 쪽이라고들 생각하십니까?"

이 질문은 다음과 같이 선택안을 제일 뒤로 돌려서 끝까지 생각을 할 수 있도록 만드는 것이 중요하다.

"당신의 주위에 있는 사업을 하는 사람들은 내년 경기가 다음 중에 어떤 편일 것이라고 생각합니까? 낙관적 또는 비관적?"

일반적으로 적용되는 법칙은 조건을 나타내는 문장은 항상 앞에 있어야 한다는 것이다. 예를 들면 "만일 당신이 군대에 가야 될 나이라면, 해병대는 어떻다고 생각합니까?"라는 질문과 "해병대는 어떻다고 생각합니까? 만일 당신이 군대에 가야 될 나이라면요"의 질문을 비교해 보자.

뒷질문의 경우에는 어떤 응답자는 "만일 ~"이라고 읽기도 전에 벌써 대답을 하기 때문에 앞의 질문과 응답은 다르게 나올 수도 있다. 다른 예들을 들어보자.

"당신은 현재의 휘발유 가격이 높다고 생각합니까, 적절하다고 생각합니까, 낮다고 생각합니까? -다른 물건의 가격과 비교해서 말씀해 주십시요."

아마 성급히 대답하는 어떤 응답자들은 비교하는 대상이 있다는 것도 듣지도 않거나 들었지만 생각하지도 않고 대답할지 모른다. 따라서 이 질문은 다음과 같이 바꾸어야만 응답자에게 바로 읽혀질 뿐 아니라, 잘못된 해석에도 빠지지 않게 해 준다.

"당신이 구입하는 다른 물건들의 물가와 비교해 볼 때, 현재의 휘발유 값은 높다고 생각하십니까, 적정하다고 생각하십니까, 낮다고 생각하십니까?"

그러나 질문에서 선택안들을 질문의 뒤쪽 부분에 두는 것에 대해서 질문에 소요되는 시간이 늘어날 수 있기 때문에 좋아하지 않을 수도 있다. 그러나 면접 조사원들은 정확한 조사를 위해서 설문 작성자의 노력이 담긴 질문을 그대로 전달하는 것이 바람직하다.

쉼표에서 발생되는 실수

질문에서 충분한 고려 없이 쉼표를 사용하게 되면 응답자들의 성급한 대답을 유도할 수도 있다. 쉼표와 콜론(:), 옆줄(–)과 마침표는 말하는 데 있어서 한번 쉼을 의미하는데, 이런 약간의 쉼도 어떤 응답자들에게는 질문을 마치는 것으로 간주될 수도 있다.

예를 들어 면접 조사원이 질문을 천천히 하게 되면, 응답자들은 그들의 의견을 질문 도중 잠깐 쉬는 사이에 말하거나 또는 두번째 선택안들을 채 다 듣기도 전에 말해 버리는 상황이 발생하는 것이다.

"당신은 정유회사들이 다음과 같은 신개발을 보류하여야 한다고 생각합니까?
– 예를 들면 휘발유의 연비개선 등– 혹은 새로운 제품 개발을 빨리 추진하여야 한다고 생각합니까?"

꼭 필요한 경우를 제외하고는 선택안들을 기호 등으로 분리하여 질문 자체를 나누는 것은 바람직하지 않다. 왜냐하면, 질문의 흐름에 영향을 미쳐서 질문이 묻고자 하는 내용에 영향을 줄 가능성이 높기 때문이다. 앞의 질문을 다 표현한 문장으로 고치면 다음과 같다.

"어떤 사람은 정유회사가 휘발유의 연비 등에 대해 신제품 개발을 빨리 해야 한다고 말하고 있습니다. 다른 정유회사들은 신제품 개발을 보류해야 한다고 말하고 있습니다. 당신은 어떻게 생각하십니까?"

물론 이런 질문의 유형도 다른 면에서 볼 때는 이상적이라고 할 수는 없지만, 최소한 문장 부호 등의 영향으로 응답자가 성급하게 대답하는 것을 어느 정도는 막을 수 있는 효과가 있다.

음성적인 측면에서의 단어 선정

설문지에서 이런 자세한 구성을 보는 동안 짚고 넘어가야 할 다른 함정들이 있다. 바로 발음에서의 어려움이다. 질문을 하는 데 있어서 어려운 발음이나 전문적인 용어의 사용은 신중하게 고려되어야 한다. 특히 일반적으로 사용되지 않는 단어들에 대해서는 괄호를 이용하여 응답자의 이해를 돕도록 하여야 한다. 또한 단어의 선정에 있어서 이해하기 어렵거나 잘 사용하지 않는 한자어를 그냥 한글로 쓴다든지 하는 것은 삼가해야 한다.

끝까지 다 기입하고 생략하지마라

설문지에서 약어를 쓰지 말고 가능한한 모든 단어를 다 표시해 주어야 한다. 면접자들은 설문지에 있는 그대로 읽는 경향이 있기 때문에 설문지상의 질문에 약어를 쓰면 면접원들이 그것을 그대로 응답자에게 전달할 가능성이 높다. 따라서 설문 작성자는 질문에서 단위나 숫자로 표시된 것 중에서 혼란을 일으킬 수 있는 단어들은 가능한 범위내에서 가능한 한글로 풀어서 그 전체 단어를 다 적어줄 필요가 있다. 그렇게 하지 않으면 어떤 면접원들은 그것을 응답자에게 전달을 하면서 더듬거리거나 갑자기 당황해 할 수도 있기 때문이다. 이러한 것은 간단히 할 수 있는 아주 사소한 것들이므로, 다 쓰는 것이 좋다. 금액의 단위표시도 ₩250,000,000보다는 이억 오천만원이라고 적어주는 것이 면접 조사원들이 더듬거리지 않게 하는 방법이다. 그러나 이러한 것들은 설문지의 진행 속도 등에 영향을 주기 때문에 전체 질문이 너무 장황해지지 않는 범위내에서 잘 고려하여야 한다.

부분을 나타내는 질문들

"얼마나 많은"으로 시작되는 질문은 다양한 대답을 이끌어 내기 때문에 응답자들은 생각나는 대로 얼른 대답해 버릴 수도 있다. 따라서 이 단어를 사용하는 데는 매우 신중한 주의가 필요하다. 다음의 질문에서의 문제점을 통해서 이같은 상황을 살펴보자. 면접원들이 응답자들에게 오렌지병을 보여주면서 다음과 같은 질문을 하였다고 하자.

"당신은 얼마나 많은 오렌지 주스가 이 안에 담길 수 있다고 생각합니까?"

다음에는 이러한 대답을 질문자가 한정하지 않은 질문에 대한 다양한 다른 대답이 있다.

> '25% 오렌지와 75% 탄산수'
> '12개 오렌지로 짠 오렌지 주스'
> '모르겠다'
> '그다지 많이 들어 갈 것 같지 않다'
> '조금'
> '매우 적다. 오렌지 주스가 들었다면'
> '얼마간'
> '약간의 물이 오렌지 주스와 섞여 있을 것이다'

이런 것은 바로 응답자들이 이 질문에서 의미하는 것을 정확하게 모르기 때문이다. 만일 다음과 같이 질문을 하였다면 훨씬 간단하게 모든 사람들에게 질문의 의미가 동일하게 받아들여질 수 있다. 예를 들면 "이 병은 1리터짜리 병입니다. 이 중에 오렌지는 얼마나 들어 있다고 보입니까?", "오렌지 주스가 몇 퍼센트 정도 들어 있다고 생각합니까?" 등이다.

응답자들 스스로가 그들의 답을 어떤 특정 범주에 한정시켜서 대답하는 것은 단순히 그들의 의견을 밝히는 것보다 훨씬 어려운 일이다. 왜냐하면 응답자들은 그러한 각각의 범주들의 의미가 무엇인지를 항상 생각해야 하고 그러한 예시들은 응답자들에게 제한적인 의미를 주기 때문이다.

> "이 음료에서 다음 중 얼마만큼이 진짜 오렌지 주스라고 할 수 있겠습니까?
> – 25%, 50%, 75% 또는 어느 정도라고 생각됩니까?"

이번 질문에서는 질문의 선택안으로 사용한 세 가지의 범주에 응답자들의 대답이 거의 모이게 될 것이다. 이와 비슷한 문제들은 다른 유형의 질문들에서도 발생하게 되며 "얼마나 많이"라는 단어를 사용하지 않아도 발생하는 경우도 있다.

예를 들면 "당신의 회사에서 벌어들이는 1천원 중에서 얼마 정도가 임금으로 나가는지 아십니까?"라는 질문에 대해서 응답자들은 "몇 퍼센트", " 무엇무엇을 제외한 부분"이라든지, "150원 정도"라고 하는 구체적인 수치라든지, 아니면 단순하게 "그다지 많지 않다" 등과 같은 애매모호한 대답이 나올 수 있다. 따라서 이 질문은 다음과 같이 바꾸는 것이 바람직하다.

"당신의 회사에서 벌어들이는 1,000원당 몇 퍼센트 정도가 임금으로 지출되는지 아십니까?"

위 질문에 대해서 응답자들은 대답을 실제적인 수치로 답하든지 또는 상대적인 수치로 답하든지 모두 명확하게 표현할 수 있다. 예를 들어 "당신 회사의 작년 이익은 얼마나 됩니까?"라는 질문에 대한 대답으로 응답자들은 "10억"이라든지 아니면 매출액의 "6%"와 같이 비슷한 결과를 나타낼 수 있다. 그러므로 설문 작성자는 응답자에게서 원하는 대답을 명확하게 유도하기 위하여 정확한 기준을 주어야 한다.

"부산광역시와 대구광역시 중 어느 것이 더 큽니까?"

이러한 질문은 인구를 기준으로 대답해야 하는지 아니면 도시의 면적의 크기를 이야기하는지 그 기준을 알 수 없다. 단순한 도시의 면적으로만 따진다면 대구광역시가 크지만 인구수나 경제적인 면을 보면 부산광역시가 크기 때문이다.

상황에 따라서 모호해지는 질문

어떤 질문은 그 자체로서는 조금도 애매모호하지 않은데 모호한 대답을 이끌어 내는 경우가 많다. 이러한 질문은 고의로 그렇게 만들어진 것이 아니라 단지 설문 작성자가 질문이 이루어지는 상황을 예측하지 못해서 발생하는 것이다.

이런 유형의 모호한 대답은 바로 "예, 난 잘 모릅니다"하고 이야기하는 것과 같다.

"지금 당신 사무실에 얼마나 많은 사람들이 근무를 하고 있습니까?"
"아, 아마 반 정도는 일을 하고 있을 겁니다."

서울에서 수도로 인구가 집중되는 것을 막기 위하여 "당신은 다른 지방에서 수출과 관련된 일을 기꺼이 할 의사가 있습니까?"라고 물었을 때 어떤 사람들은 "예"라고 대답하였다. 그러나 그 사람의 "예"라는 대답을 확대해서 보면 다음과 같다. "나는 그런 일을 성남에서 하기를 원합니다. 왜냐하면 내 친구가 성남까지 통근 버스를 운행하니까요."

처음에 긍정적이었던 대답은 부정적으로 변했거나 기껏해야 긍정도 부정도 아닌 것이 되어버렸다. 일은 지방에서 할 수 있지만 그곳으로 이사하겠다는 것은 아니기 때문이다. 만일 "이주"라는 주된 아이디어가 질문에 명확히 나타났다면 이런 종류의 애매모호한 대답을 피할 수 있었을 것이다.

참고문헌

Barath, Arpad & Chiarles F. Cannell, (1976), "Effect of Interviewer's Voice Intonation", *Public Opinion Quarterly*, 40, 370–373.

Blair, ED(1977–1978), "More on the Effect of Interviewr's Voice Intonation", *Public Opinion Quarterly*, 41, 544-548.

10

응답자들에 대한 배려와 대우

일반적으로 조사 대상에 해당되는 사람들은 평소에 많은 조사를 접하고 특히 특정 사건이나 정치적 계절이 도래하면 전화나 개인 면접에 시달리게 된다. 응답자들에 대한 배려와 대우는 크게 응답자를 면접하기 전의 배려와 질문 시의 배려로 구분할 수 있다. 정치적 여론 조사가 가장 성행하고 있다는 프랑스의 경우는 전 국민 4명 중의 한 명이 1번 이상의 설문 조사를 받은 정도다. 특히 선거철이 되면 이러한 현상이 심해져서 전화 공포증이 날 정도라고 한다. 이같이 전화 면접을 꺼리는 사람들에게는 전화를 통한 질문은 삼가는 것이 바람직하다.

한편 설문 조사에 참여하는 응답자들에게도 배려가 필요하다. 즉 설문하는 중에 질문하는 내용도 응답자를 배려하는 형식의 것이어야 한다.

조사를 하는 과정에 대해 상상해 보자. 조사자들은 일단 조사를 시작하게 되면 끝내는 것이 목표이기 때문에 응답자들에게 설문을 일단 시작하면 장소가 어디든지 가리지 않고, 짧게는 몇 분부터 길게는 한 시간 동안 면접을 하게 된다. 이 과정에서 응답자와 조사자 간의 치열한 눈치 보기가 시작된다. 어떤 경우 조사자들은 질문을 통해서 응답자들이 모른다는 사실을 유도하여 결과적으로 "나는 모른다"라고 응답자들이 스스로 인정할 수밖에 없는 무지 상태로 몰아갈 수도 있다. 또한 어떤 조사자는 응답자들이 표현하기를 기피하는 주제에 대해 그들의 가장 내적인 사고를 탐색하려고 모든 노력을 한다. 조사자들은 가끔 응답자들의 편견을 막기 위해서 이 설문 조사의 후원인이 누구인지 말하지 않고 막연하게 응답자들의 협조만을 구하는 경우도 있다.

응답자들은 이런 조사의 결과들이 무엇에 쓰여지며, 어떤 질문들이 계속해서 질문되는가에 대해 많은 호기심을 나타내기도 한다. 면접원들에게 무언가를 이야기하고 싶어 하고, 심지어 내심 감동을 주고 싶어 하기도 한다. 동기가 무엇이든지 조사자들은 응답자들이 그들에게 호의를 베풀고 있다는 사실을 항상 명심해야 한다. 응답자들은 친히 면접에 응해주는 것이다.

표현의 자유

설문 과정에서 응답자와 조사자는 각자 표현의 자유를 가지게 된다. 즉 조사자들은 응답자의 동의하에 질문을 할 권리를 갖게 되고, 한편 응답자들은 질문에 대하여 응답할 것을 동의하면서도 아울러 대답을 회피할 권리를 가지고 있는 것이다. 따라서 조사자들은 이 같은 "응답 거절"을 줄이기 위해서 할 수 있는 모든 것을 다해야 한다.

면접 조사자들은 자신은 그 질문에 대해서 정답을 완전히 모른다는 입장으로 응답자들에게 접근해야 한다. 비록 응답자들의 지식에 대한 테스트는 해야 하지만, 그들이 기분 나빠하지 않도록 눈치채지 못하게 해야 하고, 응답자들의 질문에 대해서는 응답자가 질문이 어렵게 생각되어 대답을 거절해 버리는 일을 막을 수 있을 정도의 대답만을 해주어야 한다.

조사자가 평범한 규칙인 응답자들에 대한 예의와 예절을 명심한다면, 응답자들의 감정을 상하게 하는 것은 쉽게 피할 수 있다. 면접을 하는 것은 응답자나 조사자들 모두에게 즐거운 경험이 되도록 하는 것이 좋다. 조사하는 과정에서 면접원들은 응답자들을 혼란스럽게 만드는 질문이나 그들을 깔보는 듯한 질문을 할 필요가 없으며 그들에게 어떤 의견을 강요할 필요도 없는 것이다.

알기 쉽게 이야기하는 것

가장 이상적인 질문은 어떤 응답자든 질문의 의미를 동일하게 받아들일 수 있는 질문이다. 이러한 문제는 질문에서 누구나 이해하기 쉬운 단어를 사용하면 쉽게 해결될 수 있을 것으로 생각된다.

그러나 대부분의 설문지가 대학 교육을 받은 사람들에 의해 작성되고 있어서, 아무리 쉽게 작성한다고 하더라도 모든 응답자들의 눈높이에 맞춘다는 것이 쉽지 않다. 설문 작성자들은 중학교 수준의 문법 실력을 가지고 있는 응답자들을 무시하여, 이들의 수준보다 훨씬 높은 수준의 단어로 구성된 질문을 할 수도 있다. 반대로 너무 열성적으로 원래 질문을 쉽게 다듬다 보면 어린아이 수준까지 낮추어 버리는 일이 발생할 수도 있다.

질문을 쉽게 표현하는 방법에는 여러 가지 형태가 있을 수 있는데, 가장 명확하게 표현하는 것 중의 하나는 사람들이 일상적으로 사용하는 표현으로 질문을 구성하는 것이다.

그러나 사람들이 일상적으로 사용하는 표현이라고 해도 부가적인 설명이 꼭 필요없는 것은 아니다. 어떤 사람들에게는 설명이 필요할 수도 있다. 하지만 이를 위해서 꼭 사전식의 명확한 표현을 사용해야 하는 것은 아니다.

예를 들어서 어색하기는 하지만 "귀하는 소득세(1년간 벌어들인 모든 돈에 대해 국가에 일정한 비율만큼 내는 돈)에 대해서 어떤 생각을 가지고 있습니까?"라는 질문을 가정해 보자. 이 질문은 응답자에게 소득세에 대해서 자세히 설명을 하려는 의도를 가지고 있으며 응답자들은 그 어휘에 대해서 모른다는 가정을 하는 셈이 된다. 따라서 "소득세"를 모르는 10명 중의 한 명을 위해서 소득세를 자세히 설명하는 것은 다른 9명에게는 모욕으로 들릴 수 있다.

이러한 질문은 다음과 같이 바꾸면 더 나아질 것이다. "당신은 1년간 당신이 번 돈에 대해서 국가에 지불하는 돈 – 즉 소득세에 대해서 어떻게 생각합니까?" 이제는 어린아이를 상대로 설명하는 것 같이 들리지 않게 되었다. 마치 일상 생활에서 이용하는 평범한 대화같이 들린다. 흡사 설문지 작성자들이 특정한 단어가 생각이 나지 않아, 다른 것으로 대체 설명하던 중 최종적으로 그 단어가 생각이 나서 그의 질문을 마무리한 것과 같은 느낌을 주는 것이다. 따라서 응답자들에게 그다지 거부감을 주지 않을 것이다.

한편 단어가 주는 어려움에 대해서 알아보자. 최근 3년 동안 언론을 장식해 왔던 IMF, NASDAQ, KOSDAQ 등과 같은 단어에 대해 정확한 단어와 설명을 요구하면 응답자들은 금방 어려워할 것이다. 따라서 혹시 설문지에 이처럼 약자나 일상적으로는 사용되지만 깊이 질문하게 되면 대답하기 어려워할 수 있는 단어들이 포함되어 있지는 않은지 살펴보아야 한다.

설문지 작성자들이 설문지에서 응답자들이 알고 있으리라는 가정하에 종종 약자를 사용하는 것을 볼 수 있다. 예를 들어서 비행기 기내 서비스를 조사하는 질문에서 응답자들에게 "당신은 ANA의 서비스가 어떠하다고 생각하십니까?"라는 질문을 했다면, ANA가 어느 회사를 의미하는 약자인지 응답자들이 다 알고 있을 것이라는 가정하에서 질문한 것이다. 따라서 약자를 모르는 사람들은 이 질문에 대답할 수 없으며 한다 하더라도 추론적인 대답만이 가능하다.

또한 시민들에게 지하철과 버스의 연계에 대해서 묻는 설문지에서 "당신은 신상계역과 태능을 연결하는 환승역으로 어디가 적합하다고 생각합니까?"라는 질문과 "다음 중에서 최근에 가장 뜨거운 감자는 무엇이라고 생각하십니까?"라는 질문들의 경우는 각각 '환승역', '뜨거운 감자'가 과연 타당한 단어인지 다시 고려하여야 한다. 특히 이러한 가정에 의한 질문은 우편을 이용한 설문 조사와 같이 대답을 응답자가 직접 혼자 작성해야 되는 경우에는 질문 자체를 무의미하게 만드는 단어가 되므로 주의하여야 한다.

질문이 전체적으로 모호하지 않은가

모호한 질문은 필연적으로 모호한 대답을 이끌어 낸다. 응답자들은 모호한 단어들에 대해서 많은 고민을 하고 각양각색으로 해석을 하기 때문에 당연히 모호한 대답이 나오게 되는 것이다. 다음의 첫 질문은 정부를 지칭하는 단어가 어느 단위의 정부를 지칭하는지 나타나 있지 않다. 즉 중앙 정부인지 지방 자치를 의미하는지 모호하다는 것을 알 수 있다. 또한 노인들이라는 기준도 매우 애매모호한데, 정년 퇴임 연령의 상향화 등으로 인해 시간이 흐를수록 노인에 대한 기준이 매우 유동적인 의미를 가지게 되기 때문이다. 따라서 정부의 단위를 나타내고, 노인들이라는 표현을 65세 이상의 정년퇴임자라는 표현으로 대체한다면 그 질문의 의미가 뚜렷해지는 것을 알 수 있다.

문제점이 있는 질문
당신은 노인들에 대해서 행정 부서의 정책이 어떻게 바뀌어야 한다고 생각하십니까?

개선된 질문
가능하다면 중앙 정부에서 퇴직한 노인들을 위해서 정책을 어떻게 변경시켜야 한다고 생각하십니까?

좀 더 개선된 질문
가능하다면 중앙 정부에서 의료 보장, 주거비 등 어느 분야에 대해서 퇴직한 65세 이상의 노인들에 대해서 지원해주는 정책을 변경해야 된다고 생각하십니까?

그러나 세 번째 질문은 매우 개량된 질문이지만 응답자는 여전히 모호하게 "65세 이상의 사람들에게 사회적 보장을 20%쯤 향상시켜야 한다"라고 대답할 수 있을 것이다. 따라서 세 가지 질문의 형태 중에 어느 것이 가장 나은가는 조사자의 조사 목적에 따라서 달라진다. 설문 작성자가 어느 특정 범위의 프로그램을 염두에 두고 질문을 만들었다면, 세 번째의 질문이 적당하며, 연구자가 이러한 생각이 없이 그냥 지나가는 고기떼에 바늘이 6개 달린 낚싯줄을 던지는 기분으로 질문을 하여 아이디어를 얻고자 하는 경우일 때는 두 번째의 질문이 적당할 것이다.

질문의 모호성은 바로 이러한 정도의 차이를 의미하는데, 모호성을 설문지에서 완전히 제거하는 것보다는 조사자가 조사 결과를 판단하는 데 도움이 되는 수준에서 모호성 수준을 결정하는 것이 바람직하다.

응답자의 다양한 의견을 묻는 자유 응답형 질문에서는 이러한 모호성이 문제가 되지 않지만 다음 예에서와 같이 선택형 질문에서 모호한 선택안은 문제가 된다.

다음 예에서 어떤 응답자들은 '정규적'이라는 단어를 일주일에 한 번 가는 것으로 생각하는 데 비해, 매우 열성적인 신자는 일주일에 세 번 가는 것을 정규적이라고 생각할 수 있다. 이와 같이 동일한 단어라도 응답자들은 각각 상이한 기준을 가지고 나름대로 평가한다.

문제점이 있는 질문

당신은 작년에 종교 행사에 얼마나 자주 참석하셨습니까?

① 한 번도 참석하지 않았다.　② 거의 참석하지 않았다.
③ 가끔씩 참석하였다.　④ 정규적으로 참석하였다.

개선된 질문

당신은 작년에 종교 행사에 얼마나 자주 참석하셨습니까?

① 한 번도 참석하지 않았다.　② 몇 번 참석하였다.
③ 한 달에 한 번씩 참석하였다.　④ 한 달에 두 번 내지 세 번 참가하였다.
⑤ 한 주에 한 번 정도　⑥ 한 주에 두 번 이상

또한 모호함이 단지 하나의 단어뿐 아니라 전체의 문장이나 질문의 순서와 관련하여 발생할 때는 전체 문장의 배열이나 설문지상의 질문 순서에 중요한 영향을 미치게 되므로 신중한 고려가 필요하다.

너무 수준 낮은 표현

설문지 작성을 하는 데 있어서 초보자들은 질문의 이해도를 높이기 위해 단어를 억지로 갖다 붙여서 어색하고 문법적으로도 맞지 않는 질문을 만들기 쉽다. 좋은 질문이 되려면 단어의 선택과 문장의 구조적인 측면이 특정 응답자 계층의 지식 수준에 치우치지 않는 것이 바람직하다. 또한 문법적으로 맞지 않는 표현들이나 문장 구조로 이루어진 설문지를 이용하여 응답자들에게 질문을 하게 되면 응답자들이 질문을 잘못 인식하는 경우가 발생하게 된다.

한편으로 조사자들은 응답자들과 대화조로 질문과 대답을 주고 받기를 원한다. 그래서 서술적으로 된 문장보다는 구어적 문장의 질문을 선호하게 된다. 따라서 딱딱한 구조의 서술적 질문은 응답자가 대답하는 데 약간의 장애를 가져올 수 있다. 엄격한 문법의 규칙을 따르는 질문보다는 자연스럽게 들릴 수 있는 표현을 선택하는 노력이 항상 필요하다.

한편 이러한 문장과 단어의 적절한 선정을 위해서 조사자들은 자신이 의도하지 않은 오류가 질문에 잠재되어 있지 않은가에 대해서 늘 감시하는 버릇을 가지고 있어야 한다. 만일 조사자들이 이러한 과정을 통해서 어휘가 표현하는 여러 가지 가능성을 탐지할 수 있다면 조사자들에 의해서 의도되지 않은 실수를 저지르는 것을 막을 수 있을 것이다.

조사 주제의 특정화

질문을 할 때의 문제점들은 질문을 통해서 조사 주제의 범위를 국한시켜 나가거나 혹은 확대시켜 나가는 과정에서 주제를 설명하려 할 때 발생하게 된다.

앞에서 든 예에서와 같이 대부분의 응답자들은 "이익"이라는 조사 주제에 대해서 회계학적인 지식이나 세밀한 평가 없이 질문에 대답하는 경향이 있다. 반면에 어떤 응답자들은 특별한 지식이 없기 때문에 과연 무엇이 이익인가에 대해서 더 골몰하여 생각하면서 질문에 대해 쉽게 대답하지 않으려 하기도 한다.

대부분의 근로자들은 "작년에 당신의 회사는 얼마의 이익이 났는지 말씀해 주시겠습니까?"라는 질문에 반감을 느끼지 않겠지만 어떤 응답자들은 "이익의 기준이 무엇이죠?"라고 물을 수도 있다. 따라서 이런 사람들을 위해서 다음과 같이 설명해 주어야 한다.

"작년에 당신 회사의 매출에 대한 순이익이 몇 %인지 말씀해 주시겠습니까?" 혹은 심지어 "작년에 당신 회사의 세전 매출당 순이익이 몇 %인지 말씀해 주시겠습니까?"라고 정확하게 범위를 줄여가면서 질문하는 것이 바람직할 것이다.

이같이 조사 주제의 범위가 확실하고, 명확하게 선정된 어휘로 이루어진 질문은 응답자들에게 명확한 의미를 주게 된다. 이와는 반대로 모호하게 선정된 어휘로 이루어진 질문은 모호한 의미를 주게 된다.

예를 들면 질문에서 "소매"라든지 "완전"이라는 단어를 삽입한 다음의 질문은 대부분의 응답자들에게는 별 차이가 없을지 모르지만, 꼬치꼬치 캐묻기를 즐겨하는 응답자들에게는 질문을 이해시키는 데 도움이 될 것이다.

> "현재 휘발유의 소매가격이 어떤 과정을 거쳐서 결정되는지 말씀해 주시겠습니까?"
> "당신은 완전하게 금지하는 것을 찬성하십니까?"

다른 한편으로 삽입할 필요가 없는 단어를 삽입하게 되면 질문이 내포하는 뜻이 크게 바뀔 가능성이 높아진다. 예를 들어 "당신은 바다에서 수영하는 것을 좋아합니까?"라는 질문을 하게 되면, 수영이 질문의 핵심이 되는 것이 아니라 바다와 수영으로 중심 단어가 바뀌게 된다.

따라서 부산 등 바다가 있는 지역의 응답자들에게는 유의한 차이가 없이 받아들여질 수 있지만, 충청북도와 같이 바다가 없는 지역의 응답자들에게는 완전히 다른 질문으로 인식될 가능성이 높다.

조사 주제를 특정 범위로 한정시키게 되면 어떠한 문제점이 발생하는지 또 다른 예를 보자. 체코슬로바키아의 가정에서 보유하고 있는 책의 양을 묻기 위해서 "당신은 책꽂이에 책을 얼마나 많이 가지고 있습니까?"라고 질문하였다. 그 결과 책 판매액과 가정에서 보유한 책의 수가 맞지 않음을 발견했다. 그 이유는 체코슬로바키아 사람들은 책을 책꽂이가 아닌 다른 곳에 보관하는 습관이 있기 때문이다.

지나친 노력

가끔씩은 설문지 작성을 위한 지나친 친절과 노력들이 엉뚱한 결과를 만들 수 있다.

> "집안일 중에 가장 하기 귀찮은 것은 무엇입니까? – 즉 집안일 중에 당신이 할 수 있는 범위의 일 중에서 가장 뒤로 미루는 일은?"

이 질문의 작성자는 보통 사람들은 하기 싫어하는 일을 미루는 버릇이 있음을 가정하면서 이 질문을 작성하였다. 아마 그 역시 하기 싫은 일을 미루는 사람일 것으로 가정해 볼 수도 있겠다.

그러나 어떤 사람들은 그들이 하기 싫어하는 것부터 해치우려는 경향이 있어서, 질문에서의 설명과는 완전히 반대되는 행동을 한다. 따라서 그들에게는 이러한 것이 완전히 반대의 질문이 되고 질문을 자세히 하려는 노력은 오히려 해가 되는 불필요한 것이 된다. 마치 다음 질문의 경우와 유사한 상황인 것이다.

> "당신은 케이크에서 어느 부분을 가장 좋아합니까 — 즉 어느 부분을 가장 나중에 먹으려고 남겨 둡니까?"

제일 맛있는 것을 나중에 먹으려고 남겨두는 사람의 수는 그리 많지 않을 것이다.

아직도 부인을 때리십니까?

응답자들에게 그들의 태도와 행동을 질문하는 과정에서 개인적인 비밀이나 대답하기 어려운 부분에 대해서 묻게 되는 경우가 종종 발생한다. 이 경우 대부분의 응답자들은 대답을 망설이며, 심지어 질문을 거부하여 조사 자체가 중단되어 버리기도 한다.

그러나 몇몇 응답자들은 용감하게 대답하기도 하는데, 그들의 용감성과 대답의 진실성 간의 상관 관계가 그다지 높은 편은 아니다. 사회적인 규범(social norm)과 관련된 질문에 대해서는 사회적으로 바람직한(socially desirable) 방향으로 대답하는 경향이 매우 높다.

이러한 문제점은 설문에서 가장 흔히 지적되는 문제점 중의 하나이다. 1948년부터 행해진 미국의 동물학자 A.C.킨제이의 연구가 훌륭한 보고서로 평가받는 것은 바로 이런 문제점들을 극복하였기 때문이다.

> 1948년 1월 5일 미국의 동물학자 A.C.킨제이는 현대인의 성 실태에 관한 보고서를 발표했다. 록펠러 재단과 국립연구평화회의 후원으로 미국의 모든 연령, 직업, 계층에 걸쳐 남성 5,000명, 여성 5,940명과의 개인적인 인터뷰를 바탕으로 한 보고서 「인간 남성의 성적 행동」을 발표했으며, 1953년에 「인간 여성의 성적 행동」을 발표했다. 이들 보고서에서 반 이상의 미국 여성이 결혼할 당시에 처녀가 아니

었고, 더구나 4분의 1이나 되는 가정주부들이 혼외정사의 경험을 가지고 있다고 발표하였다. 또한 37%의 남성(여성은 19%)은 사춘기와 성인이 되는 과정에서 적어도 한 번은 오르가슴을 느끼는 동성연애의 경험이 있다고 보고하였다. 「여자 여덟 중 하나는 동성애를 체험했다. 유부녀의 26%는 혼외정사를 경험했고, 여성의 60%는 자위 행위를 했다」고 발표하고 있다.

브래들리 효과(Bradley effect)

1982년 캘리포니아 주지사 선거에서 흑인인 민주당 후보 톰 브래들리(Bradley) 전 로스앤젤레스 시장은 각종 여론조사와 출구조사에서 백인인 공화당 후보 조지 듀크미지언(Deukmejian) 전 캘리포니아 주지사를 앞섰다.
이를 바탕으로 지역 일간지인 샌프란시스코 크로니클은 다음 날 아침에 "브래들리 이길 듯"이라고 제목을 뽑았다. 그러나 실제는 브래들리가 졌다. 일부 백인들이 자신의 인종적 편견을 숨기려고 설문조사에선 흑인인 브래들리를 뽑았다고 대답했기 때문이다.
선거 당시 로스앤젤레스 시장 출신 흑인인, 민주당 후보 톰 브래들리는 각종 여론조사에서 공화당의 백인 후보 조지 듀크미지언을 앞섰으나, 막상 개표해 보니 근소한 차(1.2%)로 패배했다.
사전 선거 조사 결과, 백인 유권자들 중에 여론조사 때 "브래들리를 찍겠다"고 해 놓고 투표에서는 백인 후보를 찍은 이들이 있는 것으로 밝혀졌다. 또 "아직 결정하지 못했다"고 대답했던 백인 유권자들 중 많은 이들이 백인 후보를 선택한 것으로 나타났다.
1989년 버지니아 주지사 선거에서도 민주당의 흑인 후보 더글러스 와일더(Douglas Wilder)는 출구조사에서 공화당의 백인 후보 마셜 콜먼을 10% 앞섰다. 그러나 실제 개표에서는 0.3%차의 아슬아슬한 승리였다. 이 때문에 브래들리 효과는 '와일더 효과'라고도 한다.
1983년 시카고 시장 선거, 1989년 뉴욕 시장 선거 등 흑백 대결이 펼쳐진 여러 선거에서 이와 유사한 결과가 나타났다. 이는 백인들이 인종적 편견이 있는 사람이라는 인상을 주기 싫어 여론조사 때 본마음을 숨기기 때문인 것으로 알려졌으며, 응답자들은 사회적으로 바람직한 방향으로 조사에서 거짓대답을 한 것으로 드러났다.

부정적인 질문과 지루한 질문

또 다른 혼란스러운 질문 유형은 부정적인 내용으로 질문을 하는 것이다. "당신은 일요일과 공휴일에 터널 통행료를 받지 않는 것에 대해서 반대하십니까?"라는 질문의 예를 들어보자. 이러한 질문은 두 번씩이나 부정적인 표현을 함으로써 응답자로 하여금 대답하기 어렵게 만들고 있다. 다음의 TOKIC유머에서도 응답자들의 혼란이 잘 나타나고 있다.

앞으로 우리나라가 초강대국이 되어 한국어가 세계 공통어가 되고 모두가 쳐야 하는 중요 시험!
이름하여 TOKIC – 토킥!!
Test of Korean for International Communication의 약자.
"외국인을 위한 한국어 능력 시험."
누가 압니까, 대한민국 국력이 세지면 이런 시험도 생길지.
그럼 어떤 시험인지 미리 한번 봅시다.
◆ 제1회 TOKIC 정기 시험 ◆
◆ 다음 문제는 듣기 시험입니다. 잘 듣고 물음에 답하시오.
문제 1. 다음 문장을 잘 듣고 옳은 대답을 고르시오.
엄마 : 철수야! 더 안 먹을 거 아니지?
(가) 네. 더 안 먹을 거예요.
(나) 아뇨, 더 먹을 거예요.
(다) 네, 더 주세요.

– 인터넷 유머 중–

단어에 대한 연구 결과들을 보면 질문이 명확하게 그리고 긍정적인 방향으로 표현되었을 때는 잘 이해되고, 부정적으로 표현되었을 때는 혼란을 준다는 사실을 알 수 있다. 따라서 긍정적인 표현과 이에 대한 응답자들의 태도를 묻는 것이 훨씬 더 바람직하다.

Greyser(1962)는 경영자의 광고에 대한 태도 조사에서 질문들을 긍정적인 질문

〈표 1〉 광고 태도에 관한 긍정적인 질문과 부정적인 질문의 효과

광고에 대한 질문		선택안				
		적극 찬성	찬성	중립	반대	적극 반대
생활수준에 대한 효과	증대시킴	51%	34%	6%	6%	3%
	저하시킴	2%	1%	5%	14%	78%
제품에 대한 효과	품질을 증대	47%	30%	6%	9%	8%
	품질을 저하	2%	6%	6%	20%	66%
대중 구매를 자극하기 위한 가장 효과적인 방법	광 고	66%	23%	4%	4%	3%
	기타 방법	3%	10%	16%	16%	55%
경기회복을 촉진하기 위해	광고를 상당히 증대시켜야 함	18%	36%	14%	13%	19%
	광고를 상당히 감소시켜야 함	2%	3%	7%	9%	79%
물가에 대한 효과	물가 하락	30%	24%	13%	14%	19%
	물가 상승	14%	14%	10%	7%	45%

과 부정적인 질문으로 구분하여 질문지상에 섞어 놓았다. 일반적으로 어떤 주제에 대해서 긍정적인 태도를 보이는 사람은 부정적인 질문에 대해서는 반대할 것으로 생각되지만, 조사 결과는 이러한 상식과 상당한 차이가 있음이 드러났다. 따라서 객관적인 질문을 위해서는 선택안들을 모두 표현해 주는 방법을 택하여야 한다.

질문에서 오는 또 다른 혼란과 지루함은 "혹은 ~이 아닙니까?"라는 부가적인 표현이 질문에 포함되거나 이 같은 표현이 다소 길어질 때 발생한다.

다음과 같이 길고 복잡한 질문은 그 자체가 매우 혼란스러울 수 있으며, 선택안이 길고 복잡할 경우에도 마찬가지의 문제가 발생한다. 이와 같은 질문은 조사자가 단숨에 읽는 것도 쉽지 않기 때문에 응답자가 그것을 이해하는 것은 더욱더 어렵다.

"당신은 우리가 관세와 외국 무역에 대해서 어떻게 해야 된다고 생각하십니까? 예를 들면 무역에 다소간 장애가 있더라도 관세를 인상시켜서 다른 외국 제품과 우리 나라 제품의 경쟁을 막아야 합니까? 아니면, 다른 나라들로부터 그들이 관세를 낮게 책정한다면 우리도 낮게 하겠다는 것에 대해 협정을 하여 외국 무역량을 증대시켜야 합니까? 물론 이것은 외국 상품과 다소간의 경쟁이 있을 수 있다는 것을 의미합니다."

불쾌한 질문

응답자들의 불쾌감을 줄이는 방법은 질문의 내용을 부드러운 논조로 바꾸는 것이다. 예를 들어 다음과 같은 질문을 생각해 보자.

"종교는 사회에 대해 기생충이다."
당신은 위와 같은 표현에 대해서 찬성하십니까, 반대하십니까? ( )
① 찬성한다. ② 반대한다.

"기생충"이라는 표현은 누구에게라도 매우 불쾌감을 줄 것이다. 이러한 강한 부정을 나타내는 표현은 사람들에게 강하게 불신감을 주어, 과연 이러한 질문을 조사하여 무엇을 발견할 수 있을지 의문감마저 불러일으킬 수 있다.

사람들은 이러한 질문이 연구자의 견해를 반영한 것이라고 생각하고, 대답을 할 때 매우 경계심을 가지고 임할 수 있다. 다음의 예에서 보듯이 다소 길이가 길며 친절하게 설명한 문장은 응답자들에게 경계심을 늦추게 하고, 질문의 내용이 연구자의 견해가 아니라는 것을 설명해 주는 역할을 한다.

다음으로 종교와 사회의 관계에 대해서 당신의 의견을 묻고 싶습니다.
아래에는 여러 사람들에게 이러한 관계에 대해서 질문을 한 결과가 나와 있습니다.
다음에 대해서 각각 동의하시는지 아니면 반대하시는지 대답해 주세요.

"종교는 사람들에게 다른 사람들을 돕는 것을 가르쳐 준다."
① 예 ② 아니오

"종교는 사회에 대해 기생충이다."
① 예 ② 아니오

응답자의 불쾌감을 줄이기가 가장 어려운 질문은 응답자들이 점차적으로 대답을 해감에 따라서 다른 사람들로부터 비난을 받는 위치에 놓이게 하는 경우이다. 예를 들면 "호모섹스의 방법에 대해서 아는가?"의 경우를 들 수 있으며, "필로폰을 맞은 적이 있습니까?" 등과 같이 그들의 행동이 범죄 행위 중의 하나로 판단되는 경우에는 응답자들에게 조심스러운 방법으로 접근하지 않으면 안된다.

직업능력개발원이 전문계 50여 개교 등을 포함한 전국 100여 개교에 보낸 공문에서 학교별 조사대상 학생 명단을 요구하며 학생, 학부모, 교사 대상 설문 문항을 함께 보냈다. 올해 설문 규모는 1만 3,700명이다.
이 조사에서 학생들의 학년, 반, 번호, 이름, 주민등록번호, 보호자 휴대폰과 주소, 친구 2명의 이름, 전화번호, 이메일과 같은 민감한 개인의 정보뿐만 아니라 대답하기 어려운 질문을 포함하고 있었다.
예를 들면 '2006년 7월부터 2007년 6월까지 성관계 경험이 있습니까?', '성폭행을 하거나 당한 적이 있습니까?', '담임선생님은 학생들을 공정하게 대하십니까?', '심하게 맞아본 적이 있습니까?' 등을 질문하였으며 응답자의 키도 적도록 질문하였다.
학부모 대상 설문은 한 발 더 나아가 학생 이름을 적도록 한 뒤, 이혼 경험과 장애인 가족 존재 여부, 부모의 출신 대학 이름 등을 요구했다

해보셨습니까?

조사에서 알고자 하는 목표가 "그것을 해보셨습니까?" 등의 응답자들의 행동에 관한 것일 수가 있다.

> 당신은 서점에서 쇼핑 중에 책을 슬쩍한 적이 있습니까?
> ① 예　　　　　　② 아니오

이 경우에 역시 자신의 비밀이 드러날까 두려워하는 응답자들로부터 응답을 기피당하거나 진실이 아닌 결과가 나올 가능성이 매우 높다. 따라서 이 경우에는 몇 개의 연속적인 질문을 이용해서 서서히 주제에 대해 익숙해지도록 만드는 것이 중요하다.

> 1. 당신도 아시다시피, 서점에서 책을 슬쩍하는 것에 대한 많은 논의가 있었으며, 이러한 것을 어떻게 통제할 것인가 하는 점에 대해서도 많은 논의가 있었습니다. 어떤 사람들은 물건이 무엇이든지 아주 심각한 문제라고 하며, 다른 사람들은 별로 심각한 문제가 아니라고 합니다.
>   당신은 이러한 것을 어떻게 느끼십니까?
>   ① 매우 심각하다.　　　　　　② 어느 정도는 심각하다.
>   ③ 약간 심각하다.　　　　　　④ 전혀 심각하지 않다.
>
> 2. 과거 몇 년 동안 서점에서 책을 슬쩍 가져가는 빈도가 어떻게 변화하였다고 생각하십니까?
>   ① 증가하였다.　　　　　　② 전과 동일한 비율이다.
>   ③ 감소하였다.
>
> 3. 당신의 나이가 십대였던 경우를 생각해 주십시오. 당신은 개인적으로 남의 가게에서 물건을 슬쩍 가져오는 사람을 개인적으로 알고 있는 경우가 있었습니까?
>   ① 아니오　　　　　　② 예
>
> 4. 당신의 경우는 어떻습니까? 어떤 가게에서 물건값을 주지 않고 가지고 오려고 했던 경우가 있었습니까?　　(　　　　)
>   ① 아니오　　　　　　② 예 (5번으로 가시오)
>
> 5. 실제로 그와 같이 했습니까?　　(　　　　)
>   ① 아니오　　　　　　② 예

정신 없는 응답자들을 위한 배려

어떤 응답자들은 성격상 산만하기 때문에 아무리 설문지상에서 논리적으로 질문들을 전개하여 나간다고 해도 그것을 따르지 못하고 전혀 연관성이 없는 질문으로 생각하는 사람도 있다. 이러한 반응은 종종 면접원들을 놀라게 만들며, 이런 응답자들에게는 질문을 다시 반복해 주어야 한다.

즉 설문 과정에서 이런 유형의 응답자들은 방금 전에 그가 대답한 질문에 대해서조차 "이것은 뭐죠?", "내가 방금 전에 어떻게 대답하였죠?", "이것에 어떻게 대답해야 되죠?"라고 되묻는다. 조사를 하다 보면 이러한 현상들은 흔히 발생하는 유형이다.

실제로 그 같은 성격적인 실수를 할 수 있는 사람들이 응답자로 선택되었을 때 가장 권장할 만한 방법은 그 이전의 질문과 그가 대답한 내용들에 대해서 친절하게 되풀이해 주는 것이다.

그러나 만일 지금 하는 질문들에 대해서 응답자가 더 몰입하고 더욱 많이 이해하기를 원한다면, "앞에서 말씀하신 것처럼 당신은 왜 사과를 좋아하십니까?"라고 하는 것보다는 "당신은 왜 이러한 것들 중에 그것을 더 좋아하십니까?"라고 묻는 것이 똑같은 단어와 표현들을 사용하는 것보다 응답자의 몰입을 더 이끌어 낼 수 있다.

차이가 없는 구별

조사자들은 종종 조사 주제에 대해서 너무 세밀하게 몰두하는 바람에 응답자들에게는 똑같이 들릴 수 있는 질문을 여러 개 할 수도 있다. 응답자들은 그런 잘못된 설문 문항에 대해 "그것 방금 나에게 물었잖아요"라고 반응을 나타내기도 한다. 그러나 그 질문들이 정말로 차이가 나는 질문일 경우 면접원들이 그런 질문들의 차이를 설명해 주면 응답자들의 혼란을 막을 수 있다.

"왜 당신은 점심 메뉴로 만두를 좋아하십니까?"
"당신이 다른 식사보다 점심 메뉴로 만두를 좋아하는 주요한 이유는 무엇입니까?"

이러한 질문들은 사실 차이가 있지만, 응답자들에게는 똑같이 들릴 수 있고 조사자가 혹시 이 두 개의 질문을 중복하지는 않았는가? 하는 의문도 생기게 만들 것이다. 그리고 조사자조차 이 질문이 편집에서 잘못 들어간 것이 아닌가 하는 의문을 가져서 굳이 물으려 하지 않는 경우도 발생할 수 있다.

동일한 개념에 대한 다른 질문

어떤 설문지를 보면 질문 문항을 만든 조사자가 응답자들을 함정에 빠뜨리거나 응답자들의 비일관성을 밝혀내는 데 상당히 흥미가 있는 것처럼 동일한 개념을 여러 방법으로 측정한 흔적을 볼 수 있다.

"당신의 나이는 얼마입니까?"
"당신의 주민등록 앞 번호는 무엇입니까?"

질문을 작성한 조사자들은 이 같은 질문을 통해서 응답자들이 숨길 수 있을 만한 나이에 대한 문항을 빈틈없이 만들었다고 생각할 수도 있을 것이다. 이 두 가지 질문에 대한 응답들은 결과가 불일치할 수도 있다. 이 경우에 어느 하나의 결과는 옳을 것이다. 그러나 두 질문의 결과가 일치한다고 해서 그 대답들이 진실인가 하는 것은 또 다른 이야기이다. 즉 그 결과는 단지 나이를 감추어 보려는 응답자들의 대답 능력을 반영할 뿐이지 그들의 진실을 반영한 것은 아닐 수 있기 때문이다.

따라서 조사자는 응답자에 대해 교차 검증을 하려면 응답자가 눈치채지 못하는 수준에서 실시하여야 한다는 점을 잘 인식해야 할 것이다. 그렇지 않은 경우에는 질문이 자칫 응답자의 IQ테스트처럼 될 가능성이 높기 때문이다.

앞질문의 대답과 뒷질문의 대립

어떤 경우에는 응답자가 비일관적인 대답을 함으로써 설문 결과에 심각한 문제점을 발생시킬 수도 있다. 따라서 조사의 사안이 중요한 경우에는 응답의 일관성을 위하여 질문의 반복이 필요한 경우가 있다.

이와 같이 앞서 대답한 내용을 반복하여 질문하는 기법은 설문 조사의 사전 조사 단계에서 명확하게 불일치를 설명해 줄 수 있는 아주 유용한 수단이다. 잘 훈련된 면접원의 경우에는 다음과 같이 응답자들과 그들이 대답한 내용을 가지고 토론식 질문을 할 수 있다.

"앞의 질문에서 당신은 그렇게 말씀하셨는데 지금 이렇게 말씀하셨습니다. 왜 이런 대답을 하셨는지 설명해 주실 수 있습니까?"

이런 유형의 토론식 질문은 반대되는 결과, 응답의 불일치, 응답자들의 사고 과정의 혼란을 제거하는 데 실질적으로 유용한 방법이 될 수 있다. 이 방식은 어떤 응답자들이 느끼기에는 중압감을 주는 질문 방식일지도 모르지만 조사에 있어서 유용하고 새로운 방향을 제시해 줄 수 있다.

의견을 위한 기준

응답자들은 전반적인 수준에 대한 질문에 대해 대답하기 위해서 비교할 수 있는 기준을 요구하기도 한다. 만일 조사자들이 "당신이 구입한 그 제품의 가격은 어떻습니까? 가격이 이전에 구입하신 것보다 올랐습니까? 아니면 떨어졌습니까?"라고 질문했다고 하자. 이 경우에 거의 대부분의 응답자들은 조사자들에게 이전의 가격이 무엇을 의미하는지 되묻게 된다.

이런 경우에는 비교되는 기준이 간단하거나 명확하다면 응답자들의 요구에 대해서 흔쾌히 제시해 줄 수 있지만, "일 년 정도 전에", "10년 전에" 등과 같은 시간과 같이 추상적인 개념이라면 그 기준들은 응답자들에게 모호하게 받아들여질 수 있다.

"이 근처의 다른 회사", "당신이 아는 다른 도시", "당신 같은 사람", "보통", "일반적으로", "가장" 등과 같은 단어들은 객관적으로 대답의 기준이 되기는 어렵다.

참고문헌

Greyser, S.A.(1962), "Businessman of Advertisting : 'Yes, but...," *Harvard Business Review*, 40(May–June), 20–31.

11

면접 시 고려하여야 할 점은?

설문지들은 응답자와의 커뮤니케이션을 통해서 그들로부터 대답을 이끌어내게 된다. 즉 면접(interview)은 응답자로부터 사회 현상에 대한 정보나 의견, 신념, 태도 등의 표현을 얻기 위해서 서로 대면하여 실시하는 언어적인 상호작용을 의미한다. 특히 대면 면접(face to face interview)에서는 면접 조사원의 행동이 조사 결과에 많은 영향을 주게 되므로 상당한 주의를 기울이지 않으면 안 된다.

어떻게 물어야 하나

면접하는 과정을 살펴보자. 면접 조사원은 보통 학술적인 연구를 위하여 조사를 보조하는 입장에 있는 사람이거나 전문적인 조사 기관에 의뢰를 받아서 조사를 하는 사람으로 분류할 수 있는데, 어떤 경우이든지 적정한 응답자를 확인한 뒤에 자기 소개부터 하는 것이 중요하다.

그 내용은 연구의 주관자라든지 기관, 단체를 소개하는 것부터 시작하여, 면접의 목적을 설명하는 단계로 넘어가 연구의 목적과 주제의 간략한 소개를 곁들인다. 예를 들어 만약 그 조사가 사회적인 문제에 대해서 실시하는 조사라면 그 문제에 응답함으로써 사회 여론의 형성에 일부분이 될 수 있음을 응답자에게 주지시킨다.

다음으로 면접원들은 응답자에게 응답자가 인구 통계학적인 판단에 의해서 택해졌으며 반드시 본인이 해야 연구의 목적에 올바르다는 것을 강조하고, 대답한 내용은 익명성이 보장되며, 개인적인 질문은 통계법에 의해서 비밀이 보장되고 또한 통계적인 처리 과정에서 자동으로 집단적인 처리가 된다는 것을 주지시켜야 한다. 그리고 미리 "도와주시면 감사하겠다"는 인사를 곁들여서 응답자가 협조하는 방향으로 이끌어 나간다.

이같이 면접에서 가장 중요한 것은 응답자의 협력을 얻는 것이다. 면접원들은 응답자들이 기꺼이 대답할 수 있는 상황을 만드는 것이 가장 중요하다. 응답자들을 면접에 협력하려 하는 마음가짐으로 만들기 위해서는 먼저 응답자로 하여금 면접자에 대해서 인간적인 흥미를 가지도록 만들어야 한다. 둘째로 응답자로 하여금 조사의 중요성 내지 가치를 깨닫게 하여야 한다. 셋째로 응답자가 면접에 대해서 가지는 심리적인 장애를 극복해야 하는데, 여기서 심리적 장애라는 것은 응답자가 면접의 목적에 대해 의심을 가진다거나 질문에 대답을 하지 못하면 창피를 당하지나 않을까 하는 염려, 그리고 조사를 받거나 시험을 보고 있다는 생각을 하는 것 등이다.

이런 경우에 면접원들은 빨리 상황을 파악하고 우선 질문이 쉽고 재미있다는 것을 응답자들에게 인식시켜 주어야 하며, 이 조사 질문에 대한 답은 응답자가 대답하는 것이 무조건 모두 옳은 대답일 수 있다는 것, 그리고 응답한 내용에 대해서는 비밀이 보장된다는 것을 인식시켜 주어야 한다.

면접에 대한 협조뿐만 아니라 면접의 분위기도 면접의 내용에 많은 영향을 끼치게 된다. 분위기에 의해 응답자가 너무 압도당해서도 안 되며 또한 너무 들뜬 기분으로 임해서도 안 된다. 들뜬 기분으로 임하는 면접은 항상 응답에 오류가 발생하기 마련이다. 그러므로 면접원들은 이런 분위기를 잘 조절하는 것이 무엇보다도 중요하다. 면접 시에 설문지의 신뢰성을 보장하기 위하여 응답자의 대답의 분위기를 표시할 수도 있다. 이것은 조사에서 꼭 신뢰성을 높여야 할 필요가 있을 경우에 이용되는 방법으로 응답자의 대답 분위기를 파악할 수 있는 숙달된 면접원이 분위기 란에 표시를 하여, 나중에 조사가 끝난 뒤 결과 처리 시 신뢰성이 높은 설문지만 처리할 수 있게 하는 것이다.

마지막의 응답 내용에 대한 비밀 보장 부분은 조사에 있어서 응답자의 객관적인 대답을 이끌어 낼 수 있는 매우 중요한 부분이다. 일반적인 소비자들을 대상으로 하는 마케팅 조사뿐 아니라 인사관리나 조직 행동론 분야에서의 조사를 보면 응답자들은 대부분이 그 회사에 근무하는 사람이고, 조사가 이루어지고 있다는 사실을 알고 있으며 또한 그 조사가 어떤 유형의 조사인지 알게 되는 경우가 흔하다. 또한 그 조사 목적을 알고 있는 응답자뿐만 아니라 모르는 응답자들도 그들의 응답이 행여나 상급 관리자들의 보고서용으로 작성되어 자신들에게 불이익을 미치지 않을까 하는 염려로 자신의 의견과는 전혀 무관한 내용으로 대답하는 경우를 종종 볼 수 있다. 그러므로 응답자가 대답한 내용에 대한 비밀의 확실한 보장 선언은 응답의 오류를 줄이는 데 큰 비중을 차지한다. 면접자는 면접의 초기 단계에서부터 자기 자신의 행동에 대해 정당성을 가질 수 없는 상태에서는 응답자에게 응답의 정당성을 줄 수 없는 것이다.

면접 시 지켜야 하는 규칙

면접 시에는 우선 복장을 단정히 하여야 한다. 응답자는 면접원이 자기와 같은 계층의 사람인 경우에는 거부감을 느끼지 않고 호감을 가지게 된다. 따라서 복장이 지나치게 화려하거나 특수한 것은 안 되며 가능한 한 장신구의 착용은 금해야 한다. 특히 농촌을 대상으로 면접을 하는 경우 등 지역이나 응답자에 따라서는 복장에 특히 주의하여야 올바른 조사 결과를 기대할 수 있다. 너무 어리게 보이는 옷을 입거나 유치한 종류의 자유로운 복장 또한 피해야 한다. 사람들은 옷에 대한 기대감이 있기 때문에 어떤 역할의 사람은 그것에 맞는 옷을 입고 일을 하는 것을 기대하게 되므로 면접원은 그 기준을 적정하게 고려하여야 한다.

둘째로 응답자에게 반드시 존댓말을 쓰고 겸손한 태도를 가져야 한다. 응답자의 교육이나 생활 수준이 낮다고 해서 은연중에 무시하는 말을 하거나 딱딱한 태도를 보여서는 안 된다. 또한 면접원이 평상시에 쓰는 말이라고 해서 응답자를 고려하지 않은 채 말을 해서는 절대로 안 된다.

셋째로 응답자의 호감을 얻도록 해야 한다. 면접원의 면접 기술은 얼마나 응답자와 친밀한 유대관계를 형성하는가에 달려 있다. 면접을 시작하기 전이나 면접 중에 응답자가 좋아하는 이야기 등을 꺼내서 분위기를 자연스럽게 이끌어 나가는 것이 좋으며 항상 미소를 잃지 말아야 한다.

넷째로 응답자의 반응을 존중하고 경청해야 한다. 사람들은 흔히 남이 자신의 말에 귀를 기울여 주면 비밀스러운 이야기까지도 털어놓게 된다. 따라서 응답자가 대답하는 것에 관심을 가져서 경청하는 태도를 보여야 응답자도 이 조사에 대해서 진지한 태도를 유지하게 된다.

다섯째로 응답자가 질문을 완전히 이해할 수 있도록 최대의 친절을 베풀어야 한다. 교육 수준이 낮은 응답자는 질문을 쉽게 이해하지 못하는 경우가 많다. 이런 경우 친절하게 내용을 다시 한 번 읽어 주고 그래도 내용을 이해하지 못할 때에는 질문의 내용을 벗어나지 않는 범위 내에서 풀어서 설명을 해준다. 이런 경우에 면접원은 절대로 귀찮은 표정이나 태도를 가지면 안 되며 질문의 조기 종료를 위해서 응답자를 유도하는 질문을 하면 절대로 안 되는데, 이런 경우는 설문 조사를 하지 않은 결과보다 조사 결과에 더 악영향을 끼칠 수 있다.

여섯째로 응답자가 질문의 내용에 맞지 않는 엉뚱한 대답을 할 경우에는 확인을 해야 한다. 응답 내용이 애매하거나 엉뚱한 대답을 하는 경우 응답자의 기분이 상하지 않도록 주의하며 확인 질문을 해야 한다. 이 경우 응답자에 따라서는 화를 낼 수 있으니, 자신을 무시하고 있다는 감정이 들지 않도록 최대한 주의를 기울여야 한다. 특히 대답이 앞뒤가 맞지 않을 경우는 공손하게 그것을 지적해 주고 확실한 대답을 얻을 수 있도록 해야 한다.

일곱 번째로 면접원은 앞에서도 간단히 지적했듯이, 엄격한 중립의 위치를 지켜야 한다. 면접원은 응답자의 이야기에 깊은 관심을 가지되 자기의 주관적인 이야기를 하거나 응답 내용에 찬성하거나 반대하는 의사 표시를 암시하지 않도록 주의하여야 한다. 이러한 표현은 비단 말뿐만 아니라 행동으로도 나타낼 수 있으므로 주의해야 한다. 흔히 응답자는 대답하기 어려운 문제에 대하여 면접원의 의사 및 태도를 간파하려는 경향이 있는데 여기에 개입되어서는 결코 안 된다.

여덟째로 응답자의 "모른다"는 대답을 줄이는 것이 중요하다. 이것은 앞에서 지적한 것처럼 절대적으로 규정하기는 애매한 부분은 있으나 일반적으로 흔히 열등감이 많거나 자기를 방어하려는 경향이 있는 응답자는 여러 질문에 대해서 "모른다"라는 대답으로 일관하는 경향이 많다. 이러한 상황은 바람직한 면접 분위기가 형성되지 못한 데도 원인이 있을 수 있으며, 실제로 응답자가 몰라서 이러한 대답을 할 수도 있다. 따라서 면접원은 앞에서의 규칙과 같이 강제로 응답자의 대답을 어느 하나의 선택안에 배분하려고 해서는 결코 안 되며, 응답자의 이러한 대답이 진실성이 있는가의 여부를 확실히 파악해야 한다.

질문의 일반적인 원칙

표준적인 면접(standardized interview)은 면접자에 의한 오류를 최소한으로 만들고 면접 과정을 표준화하는 동시에 응답자와 친근한 관계를 형성하여 좋은 면접을 성취하고자 하는 데 그 목적이 있다. 이를 위해 우선 면접원은 설문을 편안한 분위기에서 할 수 있도록 먼저 설문지 내용을 완전히 숙지해야 한다.

둘째로 이렇게 되었을 경우 면접원들은 평소에 말하는 것처럼 설문지의 내용을 그대로 물어야 하되, 질문 문항은 천천히 읽어야 한다. 면접자는 질문 문항을 잘못 읽거나 더듬거려서 면접의 분위기를 흐리게 하는 일이 없도록 한다.

셋째로 면접자는 질문에 대해서 절대로 요약하거나 결과에 영향을 줄 수 있는 행동을 해서는 안 되며 설문지의 순서대로 질문을 해야 한다.

넷째로 질문해야 될 사항은 하나도 빠짐없이 해야 하는데, 가끔씩 질문을 뛰어넘는 경우 면접자는 잊지 않고 설문의 흐름에 맞도록 진행해야 한다.

응답의 기록

연구의 목적에 적합한 자료이면 응답자가 말하는 것을 표현 그대로 적어 놓는 응답 기록은 분석 과정에서 매우 중요한 단서를 제공해 줄 수 있다. 따라서 질문에 나타난 선택안 이외의 대답들도 적어 놓는 것이 바람직하다.

응답은 미리 부호화해 놓은 응답의 란에 정확하게 표시하여야 한다. 어떤 면접 조사원은 응답자가 빨리 대답하면 대충 설문지에 표시하고 나중에 정리하는 경우가 있는데, 이렇게 하면 자기가 적어놓고 무엇을 적었는지 몰라서 그 자리에서 상상으로 적는 경우가 생길 수 있다. 따라서 면접 조사원은 자기만이 알 수 있도록 대답의 란에 어중간하게 적어서는 절대로 안 된다.

대개의 경우는 질문을 하자마자 처음 응답자가 대답하는 것이 제일 믿을 만하고 중요한 반응이라고 보는 것이 옳다. 따라서 면접원은 응답자의 대답이 유효하다고 생각되면 지체 없이 기록하여야 한다. 응답자가 성의를 보여서 단지 "예", "아니오"의 대답만 필요한 경우에도 과도하게 대답을 하는 경우가 있는데, 이러한 경우 면접원은 응답자의 발언을 도중에 끊거나, 필요없다는 식의 행동이나 말을 해서 분위기를 망쳐서는 안 된다.

응답자의 발언을 기록할 때 조심해야 할 것은 면접원이 기록에 너무 몰두하다 보면 기록에 정신이 팔려서 면접이 중단되거나, 면접 진행의 주체가 면접자가 아니고 응답자가 되는 일이 있어서는 안 된다는 점이다. 대신 면접원들은 계속 빠르게 기록을 하면서도 질문을 진행하여 응답자가 지루함을 느끼도록 해서는 안 된다.

면접원들은 응답자의 표현을 요약하거나 풀어쓰거나 문법적인 오류를 정정하거나 험한 말을 순화하려고 애쓰지 말고 되도록이면 표현 그대로 받아 적는 게 좋다. 다만 기록을 좀 더 빨리 하기 위해서 일상적인 생략 표기는 간단히 써도 좋다. 그렇지만 속기사의 전문적인 생략이나 남이 알아듣지 못하는 표기 등은 피해야 하고, 혹시 틀리게 적었을 경우에는 줄로 그어서 확실히 오기임을 알게 해야 한다.

12 우편을 이용한 조사 시에 고려하여야 할 점은?

우편을 이용한 설문조사에서 가장 큰 문제점으로 지적되는 것은 개인 면접, 전화 면접에 비해서 낮은 응답률을 나타낸다는 것이다.

설문지의 응답에는 크게 네 가지의 요인이 작용한다고 볼 수 있다. 첫째, 설문 환경과 관련된 거시 환경 요인, 둘째, 설문의 주체와 설문 마감과 관련된 미시 환경 요인, 셋째, 설문지 자체와 관련된 요인, 마지막으로는 응답자의 개성과 관련된 요인을 들 수 있다.

설문지 응답에 영향을 미치는 요인

1 **거시 환경**

응답자의 문화적 배경

2 **미시 환경**

1. 조사 주관 기관의 영향과 연구자의 직위
2. 연구의 목적과 연구 결과의 사용 용도
3. 응답자의 익명성 여부
4. 조사를 하기 전에 사전 접촉의 유무
5. 추가적인 확인 조사
6. 최종 응답 기일 통보 효과

3 설문지 자체와 관련된 요인
1. 응답에 대한 보상
2. 응답에 대한 보상 수혜자와 시기
3. 인사 편지의 내용과 개인적인 친근화 정도
4. 설문지의 물리적 형태
① 설문지의 내용 및 물리적 길이
② 실문지의 색깔과 배열
③ 척도의 종류
5. 설문 조사의 대상이나 내용
6. 회신용 봉투와 우표의 영향
4 응답자의 개인적 특성
1. 응답자들의 인구 통계학적 변수별 영향
2. 응답자의 개성
3. 응답의 속도와 개성의 관련성
4. 사회적인 지위
5. 설문 응답 경험
6. 설문에 대한 관여도

게시 환경

▶ 응답자의 문화적 배경

국제적인 조사에서는 응답자들 간의 문화적인 차이가 설문 결과에 영향을 줄 수 있기 때문에 이러한 효과들이 면밀하게 조명되어야 한다. Sinciniski(1970)의 연구에서 노르웨이와 프랑스, 폴란드 국민을 대상으로 유엔과 나토 회원국, 바르샤바조약의 회원국 등에 대해서 물었는데, 프랑스와 폴란드의 국민들은 이러한 질문에서 그들의 무지를 드러내기보다는 감추는 경향을 보였고, 노르웨이 국민들을 이러한 경향이 덜한 것으로 나타났다.

이러한 문화적인 차이는 단지 한 분야에만 국한되어 나타나는 것이 아니라, 광범위한 부분에서 나타나게 된다.

미시 환경

조사와 관련된 미시적인 환경은 조사과정과 관련된 내용들이다. 먼저 조사기관과 조사의 목적 등 조사의 주체와 관련된 요인과 응답자와의 사전 접촉을 통한 동의 여부, 그리고 조사의 기한 등이 관련된다.

1. 조사 주관 기관의 영향과 연구자의 직위

많은 우편 조사 연구자들은 조사에 있어서 가능한 한 공식적인 후원을 받는 것을 권유하고 있다. 특히 기업들이나 혹은 전문적인 직업에 종사하는 사람들에게 보낼 때는 필요한 것으로 나타난다.

영국에서 실시한 사회 조사에서 정부기관의 명칭으로 행해진 것은 93.3%의 응답률을 나타내었으며, 대학이 연구의 주체가 된 조사는 88.7%, 상업적인 조사기관이 연구를 주관한 것은 90.1%의 응답률을 나타내어 정부기관이 주관한 조사가 가장 높은 응답률을 나타내었다(Scott, 1961). 또한 정부기관과 비정부기관으로 구분을 하였을 경우에는 유의한 차이가 있었다.

이러한 것은 사전 통지에도 유사한 효과를 나타내었는데, 대학교가 조사 주관기관이 된 조사가 상업적인 조사 기관이 주관한 연구보다 응답률이 높게 나왔으며, 그 차이는 유의한 것으로 나타났다(Peterson, 1975; Brunner & Carrol, 1969).

연구자의 직위가 응답을 하는 응답자의 이익과 관련이 있는 경우에는 응답률이 다른 경우보다 높게 나타난다. 조사자가 서비스 복구담당 이사라고 기입한 설문지는 81%의 회수율을 나타내었으며, 조사자의 이름에 그냥 서명만 한 설문지는 55%의 회수율을 나타냈다(Roeher, 1963).

한편 조사자의 직업과 응답자의 소득 수준을 결합시켜서 살펴본 사례에서는 조사자가 사회과학자로 되어 있을 때와 단순하게 관심 있는 시민으로 되어 있을 때를 비교해서 응답률을 조사해 본 결과, 응답자의 소득 수준이 높고 조사자의 직업이 사회과학자인 경우에는 가장 높은 응답률을 나타내었다(Brown, 1984).

〈표 1〉 조사자가 사회과학자로 되어 있을 때와 단순하게 관심 있는 시민으로 되어 있을 때 응답자의 사회적 지위가 다름에 따라 우편조사에서의 질문지 회수율에서 차이가 난 예

(미국 백인들의 경우)

응답자의 소득수준	조사자의 직업	
	사회과학자	관심있는 시민
높 음	24%	11%
낮 음	13%	15%

또한 조사자의 성별에 따라서도 응답률에 차이를 보일 수가 있다.

사례를 살펴보면 미국의 경우에 조사 대상자가 백인인 경우 조사자의 인종이 밝혀져 있지 않을 때와 흑인으로 되어 있을 때의 경우에 흑인인 경우에는 7%가 낮은 것으로 나타난다.

〈표 2〉 조사자의 인종이 밝혀져 있지 않을 때와 흑인으로 되어 있을 때의 우편조사 회수율의 차이

(미국 백인들의 경우)

	조사자의 인종	
	밝혀져 있지 않을 때	흑인으로 나타나 있을 때
우편조사 회수율 (%)	19.5%(39/200)	12.0%(24/200)

2. 연구의 목적과 연구 결과의 사용 용도

우편조사의 경우에는 설문지의 앞장에서 간단한 배경을 설명하는 인사편지(greeting letter)를 첨부하여 조사를 원활하게 도모할 수가 있다. 이러한 인사편지에 조사의 목적으로 명시하여 응답자로 하여금 설문조사에 협조하도록 하는 방법을 사용할 수 있는데, 여기에서 조사의 목적을 조사기관에 단순히 도움을 준다고 하는 것보다는 응답자에게 의견을 발표할 수 있는 기회를 주는 의미라는 설명의 인사편지가 더 높은 응답률을 유도해 내는 것으로 나타났으며(Champion & Sears, 1969), 특히 사회 계층이 낮은 집단에 속하는 응답자일 경우에 이런 경향이 더욱 두드러지게 나타났다.

이러한 메시지는 주로 응답자들이 본 조사에 응하여 본인의 생각을 개진해 주면, ①조사결과는 사회적 효용이 된다는 점을 강조하여 조사 결과가 시행되면 혜택을 받는 것은 바로 응답자 자신이라는 점을 강조하거나, ②조사나 연구기관에 매우 큰 도움이 되어 응답의 완료가 연구에 중요한 역할을 하게 된다는 것을 강조하거나, ③응답자들에게 단순히 그들의 의견을 개진할 수 있는 기회가 된다는 것을 강조하는 유형으로 제시할 수 있다.

Houston과 Nevin(1977)은 조사기관과 이러한 조사의 목적을 결합하여 각각의 자극물에 대해서 응답률을 조사하였다.

그 결과는 표에서 나타난 것과 같이 조사 주관 기관의 효과를 제외할 때는 사회적 효용을 강조하는 경우에 가장 높은 응답률을 나타냈으며, 주관 기관과 결합하였을 경우에는 대학에서 실시한 사회적 효용을 강조한 것이 가장 높은 응답률을 나타내었다. 그리고 대학이 조사 주관 기관이 되었을 경우는 사회적 효용을 강조하는 것이 가장 높았으며, 상업 기관이 조사의 주관이 되었을 경우는 응답자들에게 의견의 개진 기회라고 강조하는 것이 높은 응답률을 나타내었다.

〈표 3〉 조사기관과 목적에 따른 응답률의 차이

목적 기관	대 학	상업기관	합 계
① 사회적 효용	47.2%	38.8%	43.0%
② 연구기관에 도움	44.8%	36.8%	40.8%
③ 의견 개진 기회	35.6%	46.8%	41.2%
①②③ 결합 상태	41.6%	39.2%	40.0%
전 체	42.3%	40.4%	41.4%

3. 응답자의 익명성 보장 여부

일반적으로 응답자들에게 응답을 할 때 이름을 밝히지 않고 무기명으로 기입하게 하는 익명성의 보장은 응답자들로 하여금 자발적인 높은 응답률을 유도할 것이라는 가정이 널리 받아들여져 왔다. 이것은 응답의 강요보다 자발적인 참여가 응답률을 높일 것이라는 생각 때문이었다. 왜냐하면 응답자들에게 이름을 밝히게 하고 솔직하게 대답하도록 하는 것은 응답자를 자신의 의견이 이름과 함께 드러난다는 두려움을 가지게 만들기 때문이다.

그러나 이러한 상식적인 가정은 늘 그렇지는 않은 것으로 나타난다. Mason과 그의 동료들은(1962) 연구에서 설문지에 이름을 밝힌 설문지와 이름 대신 번호를 기입하고 대답한 설문지의 응답률의 차이는 유의하지 않은 것으로 나타났기 때문이다.

또한 응답자들에게 익명성과 인사편지를 통한 개인적인 친근화가 동시에 적용이 된 경우에 응답률이 낮아진다. 이는 친근화의 효과로 인해서 익명성의 효과가 상쇄되어 버리는 결과로 해석된다(Andreason, 1970).

한편 익명으로 대답을 하는 것을 선택한 응답자들은 감정을 표현해야 하는 질문에 대해서는 응답하기가 부적합하고 조사 주제에 대해서 조심스러운 접근은 하지만 이로 인해서 적극적으로 대답하는 태도가 부족한 것으로 나타난다. 즉 익명을 선택하도록 허용한 문항에 대해서는 대답을 하는 데 있어서 무관심한 태도를 보이는 것으로 나타난다(Scott, 1961).

또한 익명과 실명의 응답자 간의 비교에서 익명을 선택한 응답자와 이름을 나타낸 응답자와의 응답률에 유의한 차이가 없는 것으로 나타난다(Mason, Dressel & Bain, 1961: Rosen, 1960 : Scott, 1961).

응답자들에게 그들의 이름을 적은 엽서를 보내게 하고 다른 표지로 된 익명의 설문지를 작성하여 보내도록 하였다. 그리고 우편엽서를 사용하여 응답자의 이름을 보내야 하는 이유를 자세히 설명해서 응답자들을 설득하는 방법을 통해 높은 응답률을 얻을 수 있다(Cahalan, 1951 ; Bradt, 1955 ; Larson & Catton, 1959; Beok & Lade, 1963).

실무적으로는 익명성을 보장하면서 연구자들이 응답자에 대한 주소 등의 필요한 정보를 얻어내는 방법으로 보이지 않는 잉크로 반송용 엽서나 설문지에 코드를 적어 넣는 것이 가장 흔하게 사용되는 기법으로 알려져 있다.

4. 사전 접촉

설문조사를 실시하기 이전에 응답자에게 설문을 실시함을 예고하는 사전 통지는 보통 전화, 편지 혹은 우편엽서를 이용하여 실시되는데, 이러한 사전 통지는 특히 설문지가 조사대상자들에게 필요없는 편지로 간주되어 오해하여 버리지 않도록 하는 효과가 있다(Linsky, 1965).

그러나 이 방법의 효과에 관한 연구들의 결론은 일관성을 가지고 있지 않아서 논란이 되고 있다. 먼저 사전 접촉을 해야 하는 긍정적인 측면을 살펴보면, 우편엽서를 이용하여 사전 통지를 실시한 경우에는 82%와 89%의 높은 응답률을 얻는 것으로 나타난다(Bradt, 1955 ; Cahalan, 1951). 비율로 평가하면 우편엽서로 사전 통지를 한 집단의 응답률이 그렇지 않은 집단의 응답률보다 10배의 응답률의 증가를 보인다(Eisinger et al, 1974).

적합한 사전 통지의 형태로서는 편지보다는 전화를 이용하여 사전 통지를 한 조사에서 통계적으로 유의하게 높은 응답률을 얻을 수 있는 것으로 나타난다(Kerin, 1983).

사전 통지 방법을 사용하였을 경우에 10일 동안 28-47.8%의 차이가 있는 것으로 나타나며, 최종적으로는 응답률에 8%의 차이가 있는 것으로 밝혀지고 있다. 이러한 부가적인 응답률의 증가는 추가적인 비용의 측면에서 고려해 보면 매우 유용한 결과라고 할 수 있다(Waisanen, 1954). 한편 이러한 방식에 대해서 몇몇의 연구자들은 사전 통지 집단과 비통제 집단 간에 응답률의 차이가 통계적으로 유의미하지 않다는 결론을 내리고 있다(Parsons & Medford, 1972 ; Heaton 1965; Robin, 1963).

5. 추가적인 확인 조사

설문이 우편으로 진행되는 상황에서 아직 설문지를 반송하지 않은 응답자들에게 추가로 확인 접촉을 하여 응답자들에게 이미 받은 설문지에 대한 응답을 촉구하여 응답률을 높이는 기법을 의미한다.

이 추가적인 조사 기법은 광범위하게 사용되어 큰 성공을 거둔 기법인데, Scott(1961)는 추가적인 조사 기법이 이제까지 개발된 기법 중에서 가장 효과가 큰 기법이라고 하였다. 이러한 추가적인 조사 기법은 우편 설문 기법에 사용된 기법인데, 대부분의 연구들은 보통 1-2회의 질문을 하였다.

이 방법을 이용한 연구 중에는 극단적으로 높은 응답률을 나타낸 연구들도 있는데, 이러한 연구들은 몇 번의 추가적인 조사를 해서 얻은 결과이다.

〈표 4〉 추가적인 확인 조사의 결과

연 구 자	누 적 응 답 률 (%)						최 종
	1회	2회	3회	4회	5회	6회	응답률(%)
Levin & Gordon(1958)		90.0		100			100
Suchman & McCandless(1962)	44.3	70.1	85.2	95.1			95.1
	16.8	45.2	98.5				98.5
Scott(1961)	74.8		95.6				95.6
Bachrach & Scoble(1967)			63.5		83.0	85.0	85.0
Donald(1960)	46.2	58.4	62.7	77.3			77.3
Clausen & Ford(1947)	23.0	49.7					49.7
Watson(1965)	30.0	46.0					46.0
Goldstein & Kroll(1957)				72.8			

이 연구자들은 추가적인 조사 방법으로 전화, 우편엽서, 전보 등 다양한 방법을 사용하였다. 최근에는 인터넷도 고려해 볼 수 있을 것이다.

몇 번의 추가적인 조사를 하면 응답률을 향상시킬 수 있는지는 매우 중요한 추가 조사의 과제인데, 표 4에서와 같이 세 차례의 추가적인 연구로 100%의 응답을 얻어내었다는 연구결과(Levin & Gordon, 1958)에서부터, 세 차례의 추가적인 조사를 통하여 95.1%의 응답률과 두 차례의 추가적인 확인 조사를 통하여 98.5%의 응답률이 확보된 연구도 있다(Suchman & McCandless, 1962). Bachrach와 Scoble(1967)의 경우에는 5번의 추가적인 조사를 통하여 85%의 응답률을 얻었다. 이와 같이 다양한 단계의 추가 조사는 효과가 있는 것으로 나타나는데 한 차례 이상의 추가적인 조사가 전체적인 응답률의 증가에 유의한 정도의 변화를 나타내는 것으로 나타났다(Watson, 1945).

한편 추가적인 확인 조사를 하는 수단과 관련해서는 항공 우편과 특별한 운송수단을 이용하여 무응답자로부터 72.8%의 응답을 얻어 내었다(Goldstein & Kroll, 1957). 확인 조사를 하는 수단에 따라서 응답이 영향을 미치는 것으로 나타난다.

예를 들어 편지에 의한 한 번의 추가 조사로 46%의 응답률을 얻는 것으로 보이며, 엽서로 실시한 조사에서는 37%의 응답률을 얻었으며, 반면에 실험을 하지 않은 통제 집단에서는 30%의 응답률을 얻어서 편지를 이용한 추가 조사가 바람직한 것으로 보인다.

또 다른 정교한 실험에서도 편지가 더 효과적인 것으로 나타났다. 엽서-엽서, 편지-엽서, 엽서-편지, 편지-엽서 등 4개로 이루어진 우편의 형식을 비교한 사례에서 1차와 2차의 추가적인 우편을 발송한 결과, 각각의 집단은 통계적으로 유의한 응답률의 차이를 나타내었으며, 그중에 1차와 2차 모두 편지를 이용한 것이 가장 높은 응답률을 나타내었으며, 그다음은 엽서와 편지를 이용한 것이었다. 그는 이러한 결과에 따라서 1차 시기는 어떠한 것을 사용하든지 2차 시기는 편지의 형식을 사용해야 응답률을 높일 수 있는 것으로 보인다(Goldstein & Freidman, 1975).

하지만 추가 조사와 응답에 대한 보상을 실시하는 경우에는 응답률이 유의하게 증대되는데 전체적으로 S자 형태의 곡선을 이루어 급격한 상승을 가져오지만, 일정 수준 이상 오르면 더 이상 올라가는 데는 한계를 나타내므로 적정한 수준을 찾아내는 것이 바람직하다(Parasuraman, 1982).

6. 최종 응답 기일 통보 효과

응답의 최종 기일을 명시하는 방법은 응답자들에게 목표를 명확하게 설정해 줌으로써 문제점 발생 시 응답자의 문제라고 간주할 수 있는 내적 귀인을 높이기 위한 방법이다. 응답자에게 심리적으로 압박감을 주어서 빠른 시간에 응답률을 높이기 위한 방법으로 "긴급함"이라는 단어가 적힌 스티커를 부착한 설문지를 사용하는 경우에는 전체 응답률은 높지는 않았지만 응답자들에게 대답의 속도를 높이게 하는 효과가 있으며(Scott, 1961), 많은 분량의 설문을 조사하는 데 효과적으로 사용할 수 있다(Ferris, 1951).

이러한 조사결과는 실제로 나타나는데 병원과 관련된 조사에서 최종 기일을 명시한 첫 조사와 추가적인 조사가 높은 응답률을 이끌어 내었다(Goldstein & Kroll, 1957).

하지만 이에 대한 찬반의 논리는 여전히 남아 있는데, 응답자들에게 시간적인 여유를 주게 되면 대답을 미루거나 늦추게 되므로 시간 여유를 어느 정도 줄이는 것이 좋다고 하는 편(Hansen, 1981)과 이러한 시간적인 압박감이 응답률에 부정적인 영향으로 작용한다(Childers & Ferrell, 1979)고 하는 주장이 있기 때문이다.

설문지 자체와 관련된 요인

1. 응답에 대한 보상

응답자들의 설문지 대답에 대한 보상이나 증정은 응답률을 높이는 특별한 방법인데, 그 종류는 매우 다양하다. 예를 들면 사용하지 않은 우표, 우표 수집책, 봉투따개, 손톱깎이, 현금, 일기장, 책, 연필, 펜 등이 지급되었는데(Knox, 1951; Brennan, 1958), 이러한 보상이 포함된 실험에서는 응답률이 높게 나왔으나 종류에 따른 영향에 관한 것은 실험에서 통제집단이 없는 관계로 측정하지 못하였다(Linsky, 1975). 한국의 경우 상업적인 조사회사에서는 손전등, 비누세트, 주방용품, 구두 할인권과 조사를 의뢰한 회사의 기념품 등도 보상으로 주어지고 있다.

일반적으로 현금이 물건에 의해서 발생할 수 있는 문제점을 가장 줄이기에 적합하며, 구하기 쉽고, 우편으로 동봉하기 쉽다. 일반적인 의견으로는 가난한 사람들이 응답에 대한 보상을 많이 해줄수록 설문에 대한 응답률이 높을 것이라고 생각하지만 연구 결과들은 항상 그렇지는 않음을 보여준다(Erdos, 1970).

한편 금전적인 보상은 응답자에게 설문을 완성한 보상으로써 돈을 지급하는 것을 의미하는데, 이러한 금전적인 유인은 응답자가 설문지를 채워가는 과정에서 빠트리고 대답한다든지, 대충 대답을 해버리는 응답 오류를 줄이고, 가급적이면 설문 문항 모두에 대해서 대답하는 비율을 높이는 데 유의한 영향을 주는 것으로 나타난다(McDiniel & Rao, 1980).

보상금액의 크기와 관련해서는 상업, 산업관리직, 사무직 등에 종사하는 사람들을 대상으로 실시한 금전적인 보상 연구에서 전체 집단의 평균 응답률은 33.3%였지만 1다임의 보상을 주었을 때는 44.5%로 응답률이 증가하는 것을 보였다(Pressley & Tullar, 1977).

이러한 응답 향상의 결과는 여러 연구에서 공통적으로 나타나는데, 전체 응답률이 30.4%에서 10센트를 응답 보상으로 주었을 때는 41.4%로 높아졌고(Kimball, 1961), 평균 응답률이 29.6%였지만 10센트를 준 집단은 39.9%로 증가하는 것을 볼 수 있었다(Watson, 1965).

이들 연구들을 종합해 보면 10센트의 금전적인 보상은 10% 이상의 응답률을 증가시키는 것을 볼 수 있는데, 3개의 연구 시기가 10년 정도 차이가 나고, 인플레이션 등을 감안할 때 서로 비슷한 응답률을 보인 것은 직접적인 금전적 효과라기보다는 금전에 의한 심리적인 효과가 응답률을 상승시키는 것으로 볼 수 있다.

또한 후속적인 조사와 함께 금전적인 보상을 증대시키면 응답률이 올라가는 것을 확인할 수 있다. 사례를 살펴보면 2달러를 주고 네 번의 후속적인 우송을 하게 되면 가장 높은 응답률인 96%를 얻음을 알 수 있다(James & Bolstein, 1990).

〈표 5〉 CATV에 관한 우편조사에서 사례금액수별 질문지 후속우송에 따른 누계응답률

(1986년 가을 조사, 미국 Wasington,D.C. 근교 CATV 가입자들을 대상으로 한 조사 경우)

우 편	통제집단과 사례금집단				
	사례금無	25센트	50센트	1달러	2달러
첫 번째***	54.2%	62.7%	63.1%	72.8%	77.6%
두 번째***	72.0%	74.6%	78.0%	88.2%	88.2%
세 번째***	83.3%	82.8%	82.7%	91.7%	94.7%
네 번째*	88.1%	86.4%	86.5%	92.9%	95.9%
N	168	169	168	169	170

*** $p<0.001$ ** $p\leq0.01$ * $p\leq0.05$

즉, 응답률은 유인조치를 취하는 방법과 질문지의 우송을 한 번 이상 하는 방법을 취함으로써 높일 수 있는 것으로 나타났다. 하지만 응답률 증가에 미치는 영향은 각기 다를 수 있기 때문에 응답률에 따라 인센티브(Incentive)를 어느 정도로 해서 질문지 후속 우송을 몇 차례 할 것인지 등에 관한 계획을 세우는 것이 중요하다.

이와 같이 응답자들에게 금전적인 보상을 주게 되면 어떤 경로를 통하여, 응답률의 증가와 응답의 질이 달라지는가? 그것을 설명하는 가장 대표적인 이론이 자기 지각(self perception) 이론이다. Reingen과 Kernan(1977)은 자기 지각 이론을 통해서 이것은 개인이 스스로 그들의 태도와 감정, 그리고 다른 내적 상태를 그들이 행하는 행동으로 혹은 그와 같은 행동을 일으키는 환경으로 추론해 낸다는 이론인데, 만일 외부적인 환경 요인이 있으면 자신에게 귀인할 확률이 낮아진다는 것이다. 따라서 외부적인 귀인이 없을 경우에는 자기 자신의 행동에 대해서 일관성을 나타내려는 신념이 바로 자기 귀인 이론의 핵심인데, 이것은 사전 통보가 포함된 설문 조사 시 응답자의 행동을 설명하는 적절한 이론이라고 할 수 있다(Hansen, 1980).

그러나 응답률의 측면에서는 금전적 내지 비금전적인 보상을 받은 집단은 보상을 받지 않은 집단에 비해서 응답률이 높게 나타났지만, 응답의 질까지 보장해 주지는 못하는 것으로 나타난다.

2. 응답에 대한 보상 수혜자와 시기

응답에 대한 금전적인 보상의 지급대상자와 관련하여 응답자에게 지급하지 않고 자선기관에 응답자의 이름으로 기증한다는 조건을 붙여서 조사한 결과, 응답자에게 직접 1달러를 지급한 집단의 응답률은 26.0%였으며, 이에 반해 1달러를 자선기관에 기증한 방법은 41.3%의 응답률을 나타내었는데, 이러한 방법은 ① 응답자의 성별 ②결혼 여부 ③교육 수준 ④응답자의 가계 수입 등에 의해서 영향을 받지 않는 것으로 나타난다(Robertson & Bellenger, 1978 ; Furse & Stewart, 1982).

한편 보상의 시기와 관련하여 설문에 대답을 하면 나중에 돈을 주겠다는 약속을 한 설문지에 대한 응답률이 그다지 높지 않은 것으로 나타나서, 응답하기 이전에 보상의 약속을 하고 조사하기 이전에 지급하는 것도 응답을 충실하게 이끌어 내는 방법이라고 할 수 있다(Erdos, 1970; Watruba, 1966). 즉 응답률을 구체적으로 살펴보면 응답에 대한 보상을 설문지와 같이 동봉한 것과 나중에 설문에 대한 대답이 끝난 뒤에 주겠다고 약속한 집단의 응답률은 47% 대 18%로 현저하게 차이를 보였다(Hancock, 1940 ; Day, 1943).

이러한 패턴은 금전적으로 여유가 있는 계층에 대한 조사의 경우도 마찬가지이다. 연구에 따르면 의사를 대상으로 한 사례금 20달러의 우편조사에서, 사례금의 지급 시점에 따른 전문 분야별 조사에서 사전 지급을 통고한 조사의 경우에는 평균 78%의 응답률을 보였지만 사후 지급을 약속한 조사에서는 평균 66%의 응답률을 보여서 전체적으로 8%의 차이를 보였다(Berry & Kanouse, 1987).

〈표 6〉 의사를 대상으로 한 사례금 20달러의 우편조사에서, 사례금의 지급시점에 따른 전문분야별 응답률(%)

(조사시기 1980년대 중반, 미국 전 지역 의사들의 경우)

전문분야	사 례 수	사전지급(%)	사후지급(%)	계(%)	통계적 유의도
일 반 의	351	72	63	67	0.05
가 정 의	390	76	71	74	n.s.
내 과 의	378	78	61	69	0.01
심장내과	141	66	54	60	n.s.
심장외과	71	88	70	79	n.s.
흉곽외과	70	69	60	64	n.s.
산부인과	385	84	72	78	0.01
종 양 학	72	86	86	86	n.s.
일반외과	170	81	60	71	0.01
계/평균	2,028	78	66	72	

이러한 보상의 시기와 관련하여 응답자의 계층별로 살펴보면 중류계층의 응답자들은 즉각적으로 지급하는 응답에 대한 보상이 효과적이며, 하류계층에 속하는 응답자들은 나중에 지급하겠다는 약속이 더 효과적인 것으로 나타났다(Gelb, 1975).

한편 응답하지 않은 조사 대상자들에 대한 추가적인 조사에서 보상을 도입한 경우에 각각 3회에 걸쳐서 응답에 대한 보상을 점차 높여 추가적인 조사를 실시한 사례를 보면, Newman은 1차 시기에 1달러를 지급하고 2차 시기에 2달러를 지급하였으며, Frankel은 1차 시기에 25센트를, 2차에 1달러, 3차에 5달러를 지급하였는데, 응답률은 최종적으로 78.7%, 81%로 나타났다(Newman, 1962 ; Frankel, 1960). 그러나 한국에서는 이에 대한 연구가 거의 없는 상황이어서 조사의 경험칙이 아직 설정되어 있지 못한 상태이다.

3. 인사편지의 내용과 개인적 친근화 정도

조사에 협조를 부탁한다는 인사편지의 내용이나 형식이 응답률에 미치는 영향에 대한 것은 많이 알려지지 않았다. 여러 유형의 인사편지 중에서 응답을 권유하는 형식의 인사편지를 사용하는 경우에는 응답률이 가장 높게 나타난다(Goulet, 1977).

Biner와 Barton(1990)은 금전적인 보상과 함께 인사 편지의 형태를 심리적으로 연구하였는데, 응답자들은 금전적인 보상을 받게 되면 불편함을 느끼게 되어 연구자 측에서는 일종의 자본으로 저장하게 된다는 것이다. 따라서 이러한 불편함은 설문지의 회수와 함께 해결되는데, 인사 편지의 작은 액수의 금전적 보상과 감사 형식의 내용보다는 높은 금전적 보상과 함께 의무적인 형식의 내용이 가장 높은 응답률을 보인다고 하였다.

인사편지에 개인적인 친근성을 높여서 높은 응답률을 유도하려는 방법은 많이 사용되는 방식이다. 개인적인 친근화 연구에서 친필로 서명을 하거나 긴급하다는 내용을 손으로 쓴 추신을 하는 경우에는 높은 응답률을 나타내는 것으로 보인다(Roeher, 1963 ; Fraier & Bird, 1958).

즉 질문지마다 직접 서명날인하는 쪽이 한 번 서명날인해서 복사한 것보다 사용 가능한 질문지의 회수율이 높은 것으로 나타난 조사 결과가 있다(Dodd & Markwiese, 1987).

〈표 7〉 우편조사 시 질문지마다 직접 서명날인한 것이 회수율에 미치는 영향

	질문지에의 서명날인 방식		통계적 유의도
	직접한 사인	복사된 사인	
질문지 회송률	44%	36%	n.s.
회송된 질문지 중 응답에 체크된 비율	77%	56%	$F(1,76)=4.33$ $p<0.05$

그러나 또 다른 측면에서는 이러한 인사편지에 나타난 개인적인 친근 정도가 미치는 영향에 관한 연구가 일관적인 결론을 내리지 못하는 것을 알 수 있는데

친근 정도가 양적인 측정이 어렵기 때문에 각각의 연구마다 일관성 있는 결론에 이르지 못하고 있는 것으로 보인다.

표 8에서는 개인적인 친근화와 응답률 간의 관계를 연구한 결과를 나타내고 있는데, 전체 16개의 연구 중에 9개는 개인적 친근화가 비개인적 친근화보다 높은 응답률을 나타내었다고 하고, 4개는 동등한 효과가 있다고 하였으며, 3개는 비개인적 친근화가 높은 응답률을 나타낸다고 하였다.

〈표 8〉 개인화 설문과 비개인화설문의 응답률의 차이

연 구 자	친 근 화	비 친근화
Andreason(1970)	33.8%	37.3%
Carpenter(1974)	72.2%	64.3%
Fraizier & Bird (1958)	34.3%	27.9%
Kimball(1961)	33.8%	34.8%
Linsky(1965)	40.4%	32.0%
Moore (1941)	62.2%	52.7%
Simon (1967)	53.0%	38.0%
Watson(1965)	28.0%	30.0%
Weilbacher & Walsh (1952)	40.8%	45.6%

개인적 친근감을 느낄 수 있는 인사편지가 동봉된 설문지와 그렇지 않은 설문지 그리고 우편엽서를 이용한 추가조사와 추가조사를 하지 않은 설문지를 조합을 이루어서 조사한 사례를 보면, 가장 응답률이 높은 조합은 개인적 형식의 인사편지와 우편엽서를 이용한 추가조사, 그다음은 비개인적 형식의 인사편지와 우편엽서를 이용한 추가조사, 개인적 형식의 인사편지와 비추가적인 조사, 비개인적 형식의 편지와 비추가 조사의 순서로 응답률이 나타났다(Cox et al, 1974).

4. 설문지의 물리적인 형태

설문지 구성상의 물리적인 형태는 설문 응답자가 직접적으로 접하게 되는 부분인데, 이것에 의한 심리적인 효과가 매우 크다.

설문지의 물리적인 영향요인을 기존의 연구에서 다음과 같이 몇 가지로 구분할 수 있다.

①설문지의 길이, 설문 문항의 수, 설문지의 크기 ②설문지의 색깔 ③설문지의 배열 ④설문지에 사용된 척도의 종류 등의 요인이 있다.

① 설문지의 내용 및 물리적 크기

일반적인 상식에 비추어 보면 짧은 설문지가 긴 설문지보다 응답시간이 짧아서 응답자가 대답하는 데 편리함을 느끼므로 응답률이 높을 것이라는 가정을 하게 된다. 그러나 여러 연구 결과를 보면 꼭 이러한 가정이 맞지 않는다는 것을 알 수 있다.

같은 내용을 2개의 짧은 설문지와 하나의 긴 설문지로 구성하여 실시한 실험에 따르면 응답률의 차이가 유의하지 않은 것으로 나와 있다(Scott & Sletto, 1961). 이러한 이유는 질문의 내용들이 상호 결합 영향을 가지는 경우에는 짧은 문항들이라도 많은 생각을 필요로 하기 때문이다(Kanuk & Berenson, 1975).

설문지의 길이와 응답률 간의 상관 계수가 −0.06을 나타내며, 설문지의 길이와 응답률 간의 관계성이 매우 작은 것으로 나타났다(Yu & Harris, 1983). 이러한 물리적인 길이와 응답 소요 시간의 관계는 많은 연구에서 별 유의한 차이가 없음을 밝혀내었다.(Mason, Dressl & Bain, 1961 ; Brown, 1965 ; Clausen & Ford, 1947 ; Scott, 1961 ; Roscoe & Lang, 1975) 실험에 사용된 설문지도 1−4페이지까지 다양하지만 유의한 차이가 없었다(Berdie, 1973).

그러나 설문지의 물리적인 크기에 따라서는 차이가 나는 것으로 보인다. 이것은 응답자들이 질문의 수와 관계없이 크기를 보고 예단하는 경우가 많기 때문이다.

사례를 보면 1페이지짜리와 2페이지짜리 설문지를 비교하였을 때 설문에 대한 응답률은 유의한 차이가 없었지만, 설문지의 크기에 따라서 응답률에 유의한 차이가 나타났는데, 8.5×11인치의 설문지에 대한 응답률이 8.5×14인치에 대한 응답률보다 10%가 높게 나타났다(Childers & Ferrel, 1979).

이와는 반대로 짧은 설문지가 더 높은 응답률을 보인다는 주장도 많이 제기되고 있다. 사례를 보면 왕복 엽서를 사용한 설문이 3페이지짜리의 설문지보다 응답에서 21.9%의 증가율을 보였으며(Stanton, 1939), 개인적인 면접과 우편 패널을 이용한 비교 연구에 있어서 우편을 이용한 설문조사에서 짧은 설문지가 월등히 나은 응답률을 보였다(Nuckols, 1964).

〈표 9〉 긴 설문지와 짧은 설문지의 응답률에 영향을 미치는 정도

연 구 자	긴 설문지		짧은 설문지	
	응답률	길 이	응답률	길 이
Brown (1965)	53%	2쪽	68%	우편엽서
Sletto(1966)	63%	35쪽	68%	10쪽
Scott(1961)	89.6%	2쪽	90.5%	1쪽
Mason et al(1961)	81.6%	8쪽	83.8%	6쪽
Hichstim & Anthenasopoulos(1970)	85%	21쪽	83%	14쪽
Champion & Sear(1969)	39.4%	9쪽	27.5%	3쪽
Clausen & Ford(1947)	42.7%	–	23%	–

② 설문지의 색깔과 배열

우편 조사 설문지의 색깔과 응답률과의 관계를 살펴보면 녹색 종이와 흰 종이에 인쇄된 설문지 간의 응답률에는 유의한 차이가 없는 것으로 보고되며(Gullahorn & Gullahorn, 1963), 흰색, 파란색, 노란색, 분홍색, 녹색 등 다양한 색깔의 설문지의 효과도 응답률에 별 차이가 없는 것으로 나타난다(Gullahorn & Gullahorn, 1959).

한편 응답자들은 설문지의 인사편지의 바로 뒷면부터 인쇄한 설문지를 따로 분리되어 시작하는 설문지보다 선호하는 것으로 나타나며, 한 페이지에 빽빽하게 배열된 설문지보다 두 장으로 된 설문지를 선호한다고 하였다(Scott, 1961).

③ 설문지에 사용된 척도의 종류

소비자 태도를 연구하는 경우에 가장 흔히 사용되는 방법은 응답자 스스로가 설문에 대답하는 방법(self report)이다(Kinner & Taylor, 1979).

이러한 방법을 사용하는 데 있어서 문제가 되는 것은 첫째, 설문지 작성 시 응답자의 능력에 따라서 그 정보의 정확성이 달라진다는 것이며, 둘째, 감정적 관여 정도에 따라서도 영향을 받는다는 것이다. 특히 이러한 것은 설문지에서 사용되는 척도에 따라서 영향을 받을 수가 있다(Nighswonger & Martin, 1981).

설문지 등에는 단순히 1–5 내지 7점을 연속적으로 표시하여 그 정도를 응답자가 판단하도록 하는 스타펠(Stapel) 척도와 각 척도 점수 단계별로 그 의미를 자세하게 나타내 주는 어의 차이 척도법(semantic differential scaling)을 사용하는데, Hawkins과 그의 동료들(1974)의 연구에 따르면 스타펠 척도를 설문지의 인쇄 형식과 전화를 이용한 설문조사에 적용한 결과 두 집단에서 응답에 영향을 미치는 것이 유의하지 않게 나타났다.

스타펠(Stapel) 척도

+3 +2 +1 촉촉한 느낌이다 −1 −2 −3
+3 +2 +1 수명이 오래간다 −1 −2 −3

어의 차이 척도(Semantic Differential Scale)
: 서로 반대되는 형용사를 척도의 양쪽 끝에 배치한 형태

불친절하다 ________ ________ ________ ________ ________ 친절하다

한편 응답 선택안의 많고 적음은 응답에 많은 영향을 주는 것으로 나타나는데, 설문 문항의 척도수가 증가할수록 모른다는 항목에 대답하는 것과 관련된 비응

답 오류가 증가하고, 응답자들이 더 피로를 느낀다(Lehman & Hulbert, 1972).

5점 척도에서 3점을 택하는 것과 같은 응답의 중간화 경향은 척도가 홀수로 이루어진 경우, 즉 3, 4, 7, 9점의 척도일수록 더욱 심한 것으로 나타난다(Matell & Jacoby, 1972).

또한 설문의 척도수가 많을수록 응답자들은 응답하지 않을 확률이 높아지는 것으로 보고된다(Matell & Jacoby, 1972).

5. 설문조사의 대상이나 내용

여기에 대한 연구와 사례는 많지 않은 상태인데, 조사 주제에 따라서 흥미가 있는 응답자들에게는 높은 응답률이 나타나는 것으로 보고된다(Suchman, 1962 ; Franzen & Lazarsfeld, 1945).

6. 회신용 봉투와 우표의 영향

우편을 이용한 조사에 있어서 우표가 붙여진 봉투를 동봉하는 것은 일반적인 상식인데, 회신용 봉투에 반송 주소를 기입하고 우표를 붙인 집단의 응답률은 그렇지 않은 집단보다 응답률이 62%가 증가하는 것으로 나타난다(Ferris, 1951).

응답자들은 우편을 이용한 설문조사에서 설문지가 담긴 봉투의 우표와 설문에 대한 응답을 하고 다시 조사 연구자에게 보내는 회신용 우표의 두 가지 종류의 우표를 보게 된다. 발송우편의 종류와 우표가 미치는 영향에 대한 연구는 비일관적인 결과를 보이므로 어떤 우표를 붙이는 것이 나은지는 확정지을 수 없다.

한편 회송용 편지봉투로 우표를 봉투에 붙인 편지와 요금 별납 등이 인쇄된 봉투를 이용한 것과의 비교에서는 우표를 붙인 편지가 응답률이 높은 것으로 나타나는데(Robin & Agism, 1951), 이것은 응답자들이 손으로 우표를 붙인 봉투는 금전적인 가치가 있는 것으로 간주하지만, 그냥 봉투에 인쇄된 것은 금전적인 가치가 있다고 생각하지 않기 때문이라고 설명된다. 따라

서 낮은 응답률이 우려되는 연구에서는 우표가 붙은 봉투를 사용하는 것이 효과적이다.

한편 동일한 금액일 경우에는 여러 장의 우표를 이용하는 것이 응답률의 증가에 명확하게 유리하며(Watson, 1965), 또한 우표의 종류가 미치는 영향에서 기념우표가 보통 1종 우표보다 응답률의 증가에 유의한 우위성은 없는 것으로 나타난다.

응답자들이 개성과 관련된 요인

1. 응답자들의 인구통계학적 변수별 영향

응답자들의 교육 수준이 높을수록 응답을 잘 하는 것으로 여러 연구에서 나타났다(Baur, 1947 ; Boyd, 1965 ; Gannon et al, 1971 ; Ognibene, 1971 ; Robins, 1963 ; Roeher, 1963 ; Suchman, 1962). 미시간 조사연구센터에서 1960년, 1964년, 1968년에 실시한 연구에 따르면, 응답률은 응답자의 성별, 인종, 교육, 소득과 관련되어 있는 패턴을 보인다고 하였다.

응답자의 연령과 교육 수준과 관련하여 응답률은 체계적인 패턴을 보이며, 응답자의 연령, 교육 수준, 성별은 비응답자를 구분하는 데 유의한 영향을 주는 변수로 작용한다. 여성이 남성보다 응답을 잘 하는 것으로 나타나며(Gannon, Northern & Carrol, 1971), 교육 수준이 높을수록 응답을 잘 하는 것으로 나타난다. 그중에서도 특히 응답자의 연령은 교육보다 더 많은 영향을 미치고, 30-40대의 연령에서 응답을 잘 해주는 것으로 나타나며, 마케팅에서 보통 인구통계학적 변수로 잘 사용되는 소득과 직업은 그다지 유의하지 않은 것으로 나타났다(Craig & McCann, 1978).

즉 직업, 사회적인 지위, 주택 소유 여부, 전화 소유 여부, 집의 임대료 등 사회경제학적 특성과 관계없이 실제적으로 응답자와 무응답자의 응답률은 유사한 수준으로 나타났다(Wallace, 1954).

2. 응답자의 개성

어떤 특성을 가진 응답자들이 응답을 잘 해줄까? 라는 연구주제에서 응답자들은 비응답자들보다 리더십이 높고, 사람들이 모여서 생활하는 것을 좋아하며, 독서를 하는 습관이 높은 것으로 나타났다. 그러나 이러한 특성들도 조사 주제에 따라서 유동적이며, 효과가 없어지는 것으로 보고된다(Ognibene, 1970).

한편 정기적으로 우편조사에 대해서 응답을 해주는 우편 패널이 되고자 하는 응답자들은 독특한 특성을 가지고 있기 때문에 사실상 구성 자체가 무작위적(randomization)이 아닐 가능성도 높다. 우편 패널이 되고자 하는 주부들은 외부적인 일이나 사건에 대해서 더욱 적극적으로 알려고 하며, 상표 인지가 높고, 새로운 상표를 적극적으로 경험하려는 특성을 가지고 있다는 것이다. 따라서 이러한 패널로 구성된 것은 대표성에 문제가 있을 수 있다는 것을 고려하여야 한다(O' Dell, 1962).

한편 대학생 집단에 대해서 개성을 중심으로 응답자와 비응답자 간의 특성 차이를 연구한 결과, 응답자 집단은 명령에 대한 복종과 의존성에 높은 점수를 나타내었으며, 비응답자 집단은 공격성과 지배성, 자율성 등에 높은 점수를 나타내었다(Lubin, Levitt, & Zuckerman, 1962).

또한 응답자 집단은 비응답자 집단과 비교할 때 책임감이 있으며, 참을성이 있고, 지적인 능력이 있는 것으로 나타난다(Vincent, 1964).

3. 응답의 속도와 개성의 관련성

많은 연구자들이 조기에 응답한 사람들과 늦게 응답하는 사람들 사이에 응답 오류에 대해서 연구하였는데, 여기서 빠르게 대답한 응답자 집단이라고 함은 본 조사 이후, 1차의 추가적인 조사를 실시한 이후에 응답을 보내오는 것과 2차의 추가적인 조사 이전에 오는 것을 말한다.

조기 응답자와 지체된 응답자 간의 나이, 성별, 수입, 거주지역 간의 유의한 차이가 없는 것으로 보고되지만 직업은 유의한 차이를 설명해 주는 변수로 나타났다(Newman, 1962).

〈표 10〉 연구 결과 요약표

응답률에 영향을 미치는 요인에 관한 내용	연구팀의 수	연 구 결 과		
		있다	확실하지 않다	없다
사전 접촉	6	4	0	2
추가적인 확인조사	12	12	0	0
조사기관의 형태	3	3	0	0
조사기관의 주소	1	0	0	1
연구자의 직위	1	1	0	0
연구자의 성별	1	0	0	1
연구 목적과 사용 용도	5	3	0	2
응답자의 익명성	7	2	0	5
최종 응답 기일 기입 여부	6	5	1	0
응답에 대한 금전적 보상	4	4	0	0
응답에 대한 보상의 지급 대상자	2	2	0	0
응답에 대한 보상 시기	5	4	0	1
인사 편지의 내용	3	1	0	2
인사 편지의 개인적 친근화	20	9	4	7
설문지의 길이	17	3	0	14
설문지의 색깔	2	0	0	2
설문지에서 사용된 척도	2	1	0	1
발송용,반송용 봉투와 우표의 영향	7	5	0	2
응답자의 인구 통계학적, 사회 경제적 변수	8	7	0	1
응답자의 개성적인 요인	5	5	0	0
응답자 집단의 문화적인 차이	1	1	0	0

조기 응답자들은 대략 가계의 수입이 비교적 적었고, 자녀들의 나이가 12살 미만이며, 나이가 50세가 안 되었고, 대학을 졸업한 사람들로 나타났다(Donald, 1960).

참고문헌

Andreasen, A.R(1970) "Personalizing Mail Questionnaire Correspondence" *Public Opinion Quarterly*, 34(Sum), 273–277.

Bachrach, Stanley D & Harry M.Scoble(1967), "Mail Questionnaire Efficiency Controlled Reduction of Non–Response", *Public Opinion Quarterly*, 31(Sum), 265–267.

Baur, E.Jackson(1947), "Response Bias in a Mail Survey", *Public Opinion Quarterly*, 11(Win), 594–600

Berdie, Douglas R.(1973), "Questionnaire Length and Response Rate", *Journal of Applied Psychology*, 58(Oct), 278–280.

Berry, S.H. & D.F. Kanouse(1987) "Physician Response to a Mail Survey : An Experiment in Timing of Payment," *Public Opinion Quarterly*, 51, 102~14.

Biner, Paul M., Deborah L.Barton(1990), "Justifying the Enclosure of Monetary Incentives in Mail Survey Cover Letters", *Psychology & Marketing*, 7(fall), 153–162.

Boek, Walter E. & James H.Lade(1963), "A Test of the Usefulness of the Postcard Technique in a Mail Questionnaire Study", *Public Opinion Quarterly*, 27(Sum), 303–306.

Boyd, Harper W., Jr(1965) "Interviewer Bias Revisited", *Journal of Marketing Research*, 2(Feb), 58–63.

Bradt, Kenneth(1955), "The Usefulness of a Postcard Technique in a Mail Questionnaire Study", *Public Opinion Quarterly*, 19(Sum), 218–222.

Brennan, R., (1958), "Trading Stamps as an Incentive", *Journal of Marketing*

Research, 22(Jan), 306–307.

Brown, Morton L.(1965), "Use of a Postcard Query in Mail Surveys", *Public Opinion Quarterly*, 29(Win), 635–637.

Brown, C. E. (1984) "Own-group Bias in Survey Return Rate : An Unobtrusive Attitude Measure, "Psychological Reports, 54, 157~58.

Cahalan, Don (1951), "Effectiveness of a Mail Questionnaire Technique in the Army", *Public Opinion Quarterly*, 15(Fall), 575–578.

Carpenter, E.W.(1974), "Personalization in Mail Surveys of The General Public:A Reassement in Light of Recent Innovations", *Public Opinion Quarterly*, 38(Winter), 614–620.

Champion D.J. & A.Sear(1969), "Questionnaire Response Rater:A Methodological Analysis", *Social Forces*, 47, 335–339.

Childers, Terry L. & O.C.Ferrell(1979). "Response Rates and Perceived Questionnaire Length in Mail Surveys", *Journal of Marketing Research*, 16(Aug), 429–431.

Clausen, John A. & Robert N.Ford(1947), "Controlling Bias in Mailing Questionnaires", *Journal of American Statistical Association*, 42(Sep), 497–511.

Craig, C.S. & John M.McCann(1978), "Item Nonresponse in Mail Surveys: Extent and Correlation", *Journal of Marketing Research*, 15(2), 285–289.

Day, A.B.(1943), "Psychology Plus Pays", *Printers Ink*, 219, 42–43.

Dillman, Don A.(1972), "Increasing Mail Questionnaire Response in Large Sarnples of General Public", *Public Opinion Quarterly*, 36(2), 254–257.

Dodd, D.K & B.J. Markwiese(1987) "Survey Response Rate as a Function of Personalized Signature on Cover Letter," *Journal of Social Psychology*, 127(1), 97~98.

Donald, Marjorie N.(1960), "Implications of Nonresponse for the Interpretation of Mail Questionnaire Data", *Public Opinion Quarterly*, 24(Spr), 99–114.

Eisinger, Richard A., W.Peter Janicki, Robert L.S. & Wendel L.Thompson(1974), "Increasing Returns in International Mail Surveys", *Public Opinion Quarterly*, 38(Spring), 124–130.

Erdos, Paul & Arthur J.Morgan Personal Mail Survey, New York McGrow-Hill 1970

Fever, R. (1956) "The Effect of Respondent Ignorance on Survey Results," *Journal of The American Statistical Association*, 51(276), 576~86.

Field, Hubert S., (1975), "Effects of Sex of Investigator on Mail Survey Response Bias", *Journal of Applied Psychology*, 60(6), 772–773.

Frankel, Lester R.(1960), "How incentives and Sub samples Affect the Precision of Advertising Research, 1(Sep)1–5.

Frezen, Raymond & Paul F.Lazarsfeld(1945). "Mail Questionnaires as a Research Problem", *Journal of Psychology*, 20(Oct), 293–320.

Furse, David H., David W.Stewart & David L.Rados(1981), "Effects of Foot-in-the-Door, Cash Incentives and Followups on Survey Response", *Journal of Marketing Research*, 18(4), 473–478.

Furse, David H., David W.Stewart(1982), "Monetary Incentives Versus Promised Contribution to Charity , New Evidence on Mail Survey Response", *Journal of Marketing Research*, 19(3), 375–380.

Gannon Martin, Josep Northern & Stephen Carrol Jr.(1971), "Characteristics of NonRespondents Among Workers", *Journal of Applied Psychology*, 55(Dec), 568–588.

Gelb Besty (1975), "Incentives to Increase Survey Returns Social Class Consideration", *Journal of Marketing Research*, 7(Feb), 107–109.

Goldenstein, L. & H.H. Friedman(1975), "A Cases for Double Postcards in Surveys", *Journal of Marketing Research*, 15(Apr), 43–47.

Goulet Waldemar M.(1977), "Efficacy of a Third Request Letter in Mail Surveys of Professionals", *Journal of Marketing Research*, 14(1), 112–114.

Gullahorn, J., & Jeane Gullahorn (1963), "An investigation of the Effects of Three Factors on Response to Mail Questionnaires", *Public Opinion Quarterly*, 23, 119–121.

Hancock, J.W.(1940), "An Experimental Study of Four Methods of Measuring Unit Costs of Obtaining Attitude Toward the Retail Store", *Journal of Applied Psychology*, 24, 213–230.

Hansen, R.A. & L.M. Robinson(1980), "Testing the Effectiveness Foot in the Door Manipulations", *Journal of Marketing Research*, 17(3), 359–364.

Hansen, Robert A., A Self-Perception Interpretation of the Effect of Monetary and Nonmonetary Incentives on Mail Survey Respondent Behavior, *Journal of Marketing Research*, 17(1),77–83.

Hawkins, Del I, Gerald Albaum, & Roger Best(1974), "Stapel Scale or Sementic Differential in Marketing Research?", *Journal of Marketing Research*, 11(Aug), 318–321.

James, Jeannine M. & Richard Bolstein,(1990) "The Effect of Monetary

Incentives and Follow-up Mailing on the Response Rate and Response Quality in Mail Survey," *Public Opinion Quarterly*, 54, 346~361.

Kanuk, Leslie & Conrad Berenson(1975), "Mail Surveys and Response Rates: A literature review", *Journal of Marketing Research*, 12(Nov), 440-453.

Kawash, Mary B & M.A. Lawrence(1971), "Effect of Personal Signiture on the Initial Rate of Return of a Mailed Questionnaire", *Journal of Applied Psychology*, 55(Dec), 589-592.

Kerin, R.A., M.G.Harvey (1976),"Methodological Consideration in Corporate Mail Surveys: A Research Note", *Journal of Business Research*, 4(3), 276-282.

Kimball, Andrew E. (1961), "Increasing the Rate of Return in Mail Surveys", *Journal of Marketing*, 25(Oct), 63-65.

Kinner, Thomas C & James R.Taylor(1979), Marketing Research: An Applied Approach, New York: McGrow-Hill.

Larson, Richard F & William R. Catton, Jr.(1959), "Can the Mail-Back Bias Contribute to a Study's Validity?", *American Sociology Review*, 24(Apr), 243-245.

Levin, Sol & Gerald Gordon(1958), "Maximizing Returns on Mail Questionnaires", *Public Opinion Quarterly*, 22(Win), 568-575.

Linsky, A.S. (1965), "A Factorial Experiment in inducing Responses to a Mail Questionnaire", *Sociology and Social Research*, 49, 183-189.

Linsky, A.S. (1975), "Stimulating Response to Mailed Questionnaires", *Public Opinion Quarterly*, 39, 82-101.

Longworth, Donald S (1953), "Use of a Mailed Questionnaire", *American Sociological Review*, 18(Jun),310-313.

Lubin bernard, Eugene E. Levitt & Marvin Zuckerman(1962), "Some Personality Differences Between Respondents and Non respondents to a Survey Questionnaire", *Journal of Consulting Psychology*, 26(Apr),192-197.

Mason Ward S., Robert J Dressel & Robert K. Bain (1961), "An Experimental Study of Factors Affecting Response to a Mail Survey of Beginning Teachers", *Public Opinion Quarterly*, 25(Sum), 269-299.

Newman, Sheldon W. (1962), "Differences Between Early and Late Respondents to a Mailed Survey", *Journal of Advertising Research*, 2(Jun), 37-39.

Nighswonger, Nancy J., Claude R. Martin,Jr.(1981), "On Using Voice Analysis in Marketing Research", *Journal of Marketing Research*, 18(3), 350-

355.

Nuckols, R.C.(1964), "Personal Interviews Versus Mail Panel Survey", *Journal of Marketing Research*, 1(Feb), 11–16.

Ognilbene, Peter (1970), "Traits Affecting Questionnaire Response", *Journal of Advertising Research*, 10(Jun) 18–20.

Parasuraman, A.(1982), "More on the Prediction of Mail Survey Response Rates", *Journal of Marketing Research*, 19(2), 261–268.

Parsons, R.J & T.S. Medford(1972), "The Effect of Advance Notice in Mail Surveys of Homeogenous Groups", *Public Opinion Quarterly*, 36(Sum) 258–259.

Peterson, Robert A. (1975) "An Experimental Investigation of Mail Survey Responses", *Journal of Business Research*, 3(July), 199–210.

Pressley Milton M. & William L. Tullar(1977)," A Factor interactive Investigation of Mail Survey Response Rates from a Commercial Population", *Journal of Marketing Research*, 14(1), 108–111.

Reingen, Peter H. & Jerome B. Kernan(1977), " Compliance with an Interview Request: A Foot– in– the Door Self–Perception Interpretation," *Journal of Marketing Research*, 14(August),365–369.

Robertson, D.H., D.N.Bellenger(1978), "A New Method of increasing Mail Survey Responses: Contributions to Charity", *Journal of Marketing Research*, 15(Nov), 632–633.

Rovins, Lee N. (1963), "The Reluctant Respondent", *Public Opinion Quarterly*, 27(Sum) 276–286.

Robinson, R,A. P.Agism(1951), "Making Mail Surveys More Reliable", *Journal of Marketing Research*, 15, 415–424.

Roecher, G.Allen(1963), " Effective Techniques in Increasing Response to Mailed Questionnaires", *Public Opinion Quarterly*, 27(Sum) 299–302.

Rosen, Ned (1960), "Anonymity and Attitude Measurement", *Public Opinion Quarterly*, 24(Win), 675–680.

Scott, Cristopher (1961), "Research on Mail Surveys", *Journal of the Royal Statistical Society*, 124, Series A Part 2, 143–191.

Simon, Raymond (1967), "Responses to personal and Form Letters in Mail Surveys", *Journal of Advertising Research*, 7(Mar), 28–30.

Stanton, Frank (1939), "Notes on the Validity of Mail Questionnaire Returns", *Journal of Applied Psychology*, 23(Feb), 95–104.

Suchman, E.A. (1962), "An Analysis of Bias in Survey Research", *Public*

Opinion Quarterly, 26(Spr), 102–111.

Suchman, E.A. & B. McCandless(1940), "Who Answers Questionnaires", *Journal of Applied Psychology*, 24(Dec), 758–769.

Vincent, Clark E. (1964), "Socioeconomics Status and Familial Variables in Mail Questionnaire Responses", *American Journal of Sociology*, 69(May) 647–653.

Waisanen, F.B(1954), "A Note on the Response to a Mailed Questionnaire", *Public Opinion Quarterly*, 18(Spring), 40–52.

Wallace, David (1954), "A Cases For and Against Mail Questionnaire", *Public Opinion Quarterly*, 18(Spr), 40–52.

Watruba, T.R. (1966), "Monetary Inducements and Mail Questionnaire Response", *Journal of Marketing*, 3(4), 398–400.

Watson, John, J(1965) "Improving the Response Rate in Mail Research", *Journal of Advertising Research*, 5(Jun), 45–50.

Weilbacher, William & H. Robert Walsh(1952), "Mail Questionnaires and the Personalized Letter of Transmittal", *Journal of Marketing*, 16(Jun), 331–336.

Yu, J.,& Harris Cooper(1983), "A Quantitative Review of Research Design Effects on Response Rates to Questionnaires", *Journal of Marketing Research*, 20(1), 37–44.

찾아보기

ㅍ

ㅎ

저 자 약 력

손영석 교수는 한림대학교 광고홍보학과 교수로 재직 중이며, 고려대학교 경영학과를 졸업하고 동대학원에서 석사 및 박사학위를 취득하였습니다. 대홍기획 마케팅 전략 연구소의 선임연구원과 Auckland University of Technology 객원 교수를 역임하였습니다.
대표적인 연구논문들은 〈Psychology & Marketing〉, 〈Journal of Advertising Research〉, 〈Advances in Consumer Research〉, 〈Journal of Product and Brand Management〉, 〈경영학연구〉, 〈마케팅 연구〉, 〈광고학 연구〉, 〈마케팅 관리연구〉, 〈소비자학 연구〉 등에 발표하였습니다. 저서로는 「브랜드 STP 전략론」, 「광고실무론」 등이 있습니다.
마케팅 및 광고와 관련된 현업의 업무로는 롯데칠성 및 제과, 옥시, 쿠쿠, 파크랜드 이외에 많은 브랜드에 대해서 브랜드 및 광고전략에 대한 자문을 하였습니다.

채서일 교수는 현재 고려대학교 경영대학 교수로 재직 중이며, 한국의 경영학계와 마케팅학계의 거두들 중 하나이다. 서울대학교 상과대학에서 경영학학사학위를 받은 후 한국과학원 산업과학원에서 산업공학석사, 미국 Indiana University에서 경영학석사(M.B.A.)와 마케팅으로 경영학박사학위(D.B.A.)를 취득하였다.
그는 Indiana University에서 Lecturer로 교직생활을 시작하였으며, University of Pittsburgh의 Katz School of Business에서 4년간 조교수를 역임하였다. 1984년 고려대학교 경영대학에 부임한 이래 현재까지 동대학에서 교수로 재임 중이며, 이밖에 Standford, University of Pittsburgh의 경영대학원에서 객원교수를 역임하였다. 또한 고려대학교 기획처장으로서, 동대학교의 전략기획, 예산수립 및 감사활동 등을 전담하였고, 특히 IMF사태 이후의 위기상황에서 학교의 전략수정 및 운영효율성 향상을 위한 구조조정 업무를 수행하였다.
그는 한국소비자학회, 한국마케팅학회의 회장을 역임한 후 2006년에는 한국경영학회의 회장직을 수행하였다. 〈경영학연구〉의 편집위원, 〈마케팅연구〉, 〈소비자학〉의 편집위원 및 편집위원장으로 활동하였으며, 아울러 이들 학회에서 활발한 위원회 활동과 함께 꾸준히 학술 논문을 발표해 오고 있으며, 〈Asian Journal of Marketing〉을 비롯한 해외저널의 편집위원으로도 활동하였다.
그는 경제기획원, 국무총리실, 외교통상부, 산업자원부, 중소기업청 등 정부기관에서 자문 또는 위원회 활동을 활발하게 하였으며 삼성, 현대, LG, SK, GS, KT, 데이콤, 동원, 에스콰이어 등 국내 유수기업 및 중견기업들의 사외이사 및 경영자문 활동을 통하여 경영이론의 현실 적용은 물론 현장 경영에 근거한 한국적 경영학 연구의 토대 마련에 애쓰고 있다.
그는 「사회과학조사방법론」, 「마케팅」 등 수많은 저서를 저술하였으며, 학술논문으로는 〈Psychometrika〉 등 국내외 유수 저널에 40여 편의 논문을 발표하였으며, 마케팅전략 분야에서 수많은 제자들을 양성해 오고 있다. 또한 그는 Sigma Iota Epsilon (1978), Beta Gamma Sigma (1980), Asian Productivity Organization (1984) 등의 수상경력을 가지고 있다.

저자와의
협의하에
인지생략

체계적 설문디자인(제2판)

2002년 6월 30일 초판 인쇄
2007년 2월 7일 초판 4쇄 발행
2008년 2월 27일 제2판 인쇄
2019년 5월 20일 제2판 4 쇄 발행

저 자 : 손영석 · 채서일
발행인 : 정 광 식
발행처 : **비앤엠 북스**
서울특별시 금천구 가산디지털1로 70 B1-103
등 록 2004. 12. 29. / 제313-2004-00298호
전 화 (02) 2627-5710~13, 팩스 (02) 2627-5720
홈페이지 www.대학교재.net
이 메 일 bnmbook@daum.net

정가 20,000원 ISBN 978-89-91879-43-0